# Solidarische Gemeinde

Ein Praxisbuch

für diakonische Gemeindeentwicklung

D1727035

Paul-Hermann Zellfelder-Held

# Solidarische Gemeinde

## Ein Praxisbuch
## für diakonische Gemeindeentwicklung

 **FREIMUND-VERLAG**

Die Deutsche Bibliothek – CIP-Einheitsaufnahme

Zellfelder-Held, Paul-Hermann:
Solidarische Gemeinde: ein Praxisbuch für diakonische Gemeindeent-wicklung /
Paul-Hermann Zellfelder-Held. – 1. Aufl.. – Neuendettelsau : Freimund-Verl., 2002
ISBN 3 7726 0230 4


1. Auflage 2002
© Freimund-Verlag, Neuendettelsau, 2002

Freimund-Verlag
Ringstraße 15
91564 Neuendettelsau
Telefon     (0 98 74) 6 89 39 80
Telefax     (0 98 74) 6 89 39 99
E-Mail      info@freimund-verlag.de
Internet    www.freimund-verlag.de

Gestaltung und Satz: Sascha Müller-Harmsen
Bildnachweis Titelseite: Pascha-Mahl des Neuen Bundes (Asinou, Zypern,
Marienkirche, 1105/06, EOS-Verlag Erzabtei St. Ottilien); Privat; Pia Tryde;
Ullstein-PFP
Druck: Freimund-Druckerei, Neuendettelsau

# INHALT

Zum Geleit      9

Vorwort      13

## I.   Zum Anwärmen

1.   Unbequemes und Hoffnungsvolles gegen den Trend      17

2.   Anliegen diakonischer Gemeindeentwicklung      21

3.   Schnittstelle Abendmahl:
   Eine theologische Grundlegung der Diakonie im Abendmahl      25

4.   Ziele und Grenze diakonischen Handelns:
   Diese Welt ist nicht das Letzte!      37

## II.   Schaufenster der Möglichkeiten: Erfahrungen, Modelle, Ideen

1.   Diakonie im Einzugsgebiet des Gottesdienstes      43

1.1.   Das liturgische Repertoire – diakonisch betrachtet      44

1.2.   Brauchen wir ganz neue Liturgien?      48

1.3.   Von der Zugänglichkeit der Gemeinderäume      48

1.4.   Holen, Begleiten und Bringen      51

1.5.   Gemeindekommunität      52

1.6.   Gemeindliche Sterbekultur      52

2.   Diakonie im Einzugsgebiet des Pfarramtes      57

2.1.   Anlaufstelle Pfarramt: Wo bekomme ich Hilfe?
   Allgemeine Sozialberatung      57

2.2.   »Für Bedürftige in der eigenen Gemeinde«: Gemeindehilfsfonds      58

2.3.   Nachbarschaftshilfe / Diakonische Dienstgemeinschaft      60

2.4. Gemeindenachbarschaften und Nachbarschaftsbeauftragte 64

2.5. Jugendarbeit – diakonisch betrachtet 68

2.6. Gemeinde und Selbsthilfe: Raumgeben, Anregen, Begleiten, Vernetzen 73

2.7. Gemeindegastzimmer 75

2.8. »Hamse mal 'ne Mark«: die von den Zäunen und Wegen – Nichtseßhafte 76

2.9. Begleitung der hoffnungslosen »Fälle« 80

2.10. Die behinderte Gemeinde – ohne Behinderte 82

2.11. Brückenschläge zwischen Gemeinde und »Anstalten« 86

2.12. Diakonische Außenposten der Gemeinde 88

2.13. Straffälligenhilfe – das große Tabu: getauft und doch straffällig 89

2.14. Die Seuche Erwerbslosigkeit – eine Herausforderung für Gemeinden 91

2.15. Begegnen – verstehen – annehmen: Ausländer 96

2.16. »Gemeinde internationale«: Eine-Welt-Arbeit und Hilfstransporte 100

2.17. Gemeinde als Anwalt für den Ort: Gesellschaftsdiakonie der Gemeinde 107

3. Diakonie im Einzugsgebiet der Diakonie-Sozial-Station 111

3.1. Zwischen Herzstück und Herzinfarkt: die Diakonie-Sozial-Station 111

3.2. Umfassendes Leistungsangebot 114

3.3. Zusätzliche Serviceleistungen 116

3.4. Diakonie-PLUS-Programm: von Seelsorge bis zur »sister nova« 117

3.5. Von der Diakonisse zum gemeindezentrierten Hilfeverbund 123

3.6. Bestandteile eines Hilfeverbundes –
teilstationäre Einrichtungen bzw. Seniorenwohnformen 126

3.6.1. Tagespflege (und Nachtpflege) 126

3.6.2. Kurzzeitpflege 128

3.6.3. Betreutes Wohnen für Senioren 129

3.6.4. Generationenübergreifendes Wohnen 131

3.6.5. Hospiz 133

3.6.6. Eine Utopie: das Gemeindespital 135

3.7. Zwei drängende Probleme:
nicht abrechenbare Leistungen und Gemeindebezug   135

## 4. Diakonie im Einzugsgebiet des Kindergartens   141

4.1. Kindergarten zwischen Dienstleistungsbetrieb
und Nachbarschaftszentrum   141

4.2. Zehn (+ 1) Entwicklungstrends künftiger Kindergartenarbeit   142

4.3. Die diakonische Relevanz des Kindergartens
und seiner Weiterentwicklung   146

4.4. Kindergarten als Nachbarschaftszentrum –
Herzstück einer familienfreundlichen Gemeinde   151

4.5. Mitwirkung der Eltern – aber nicht nur beim Basteln   154

4.6. Offener Kindertreff – Kinderhaus   155

4.7. Gemeindewerkhaus   156

## III. Handwerkszeug für diakonische Gemeindeentwicklung

1. Von Grundhaltungen, Einstellungen und ersten Schritten   157

2. Sich angemessener Arbeitsweisen bedienen   165

3. Ehrenamtliche und Hauptamtliche in der Gemeinde   177

4. Für die Gemeinde angemessene Strukturen finden   191

## IV. Zum Ausklang

1. Phantasiereise zu einer diakonisch entwickelten Gemeinde   203

2. Anstelle eines Nachworts: Ein Gebet aus der Abendmahlsliturgie   209

3. Anmerkungen   210

4. Literaturverzeichnis   214

# ZUM GELEIT

Paul Hermann Zellfelder-Held hat mit seinem neuen Buch ein Handbuch und eine Anleitung für die Praxis des diakonischen Gemeindeaufbaus vorgelegt, das nicht nur in die Hand jeder Pfarrerin und jedes Pfarrers gehört, sondern alle, die am Gelingen der Auferbauung der Gemeinde beteiligt sind, interessieren sollte. Auch Mitarbeiter und Mitarbeiterinnen in Kirchengemeinden, die die Aufgabe der Diakonie vor Augen haben oder in Arbeitsfeldern der Diakonie tätig sind, sollten zu dem Buch greifen, ebenso wie Mitglieder in Kirchenvorständen. Und nicht zuletzt werden die Praktischen Theologinnen und Theologen und die mit der Ausbildung der Studierenden in den Fakultäten, evangelischen Fachhochschulen und Ausbildungsstätten für Diakoninnen und Diakone Beauftragten auf dieses Buch zurückgreifen. Es ist erfreulich, dass die Notwendigkeit der diakoniewissenschaftlichen Ausbildung von den Verantwortlichen in den Kirchenleitungen und in den theologischen Fakultäten immer klarer erkannt wird.

In der vom Rat der EKD 1998 herausgegebenen Diakonie-Denkschrift findet sich eine These, die auch der ganzen Ausarbeitung Zellfelder-Helds zugrunde liegt. Es heißt dort: »Diakonie ist eine **Wesensäußerung und Sozialgestalt der Kirche.** Wie die Wortverkündigung ist sie eine tragende Säule der Kirche. Die verfasste Kirche und ihre organisierte Diakonie haben sich in ihrer Geschichte als eigenständige Bereiche entwickelt; ihr Verhältnis zueinander war und ist von Spannungen nicht immer frei. Sie müssen sich immer wieder neu als der eine Leib Christi verstehen« (Ziffer 142). In deutlichen Worten schildert der Autor Fehlentwicklungen, die dazu beigetragen haben, dass die Gemeinden in den vergangenen Jahrzehnten einen Bedeutungsverlust in der Wirklichkeit unseres Landes und insbesondere in den Städten hinnehmen mussten. Diakonie ist weithin Sozialarbeit außerhalb der Gemeinden. Nicht selten wird von einer Zwei-Welten-These gesprochen, in der die Wahrnehmung ausgedrückt wird, dass zwar viele Probleme, die diakonisches

Handeln erfordern, vor Ort im Horizont der Gemeinden entstehen, faktisch aber werden sie von professionellen Kräften und Institutionen außerhalb der Gemeinden weiterverfolgt bzw. gelöst. Dies führt zwangsläufig zu einem Kompetenz- und Erfahrungsverlust der Gemeinden.

So sehr diese Situation beklagt wird, so wenig verfällt der Autor in Anklage oder Resignation. Im Gegenteil, er sagt, »Kirchengemeinden sind gesellschaftlich gesehen ein einzigartiger Organismus. Das flächendeckende Netz von Gemeinden ist die feinmaschigste gesellschaftliche Struktur, die es heute in Deutschland gibt. Kirchengemeinden sind ein Gegenmodell zu einer Welt mit immer unpersönlicheren und unübersichtlicheren Strukturen, in der die soziale Verinselung und Anonymität immer mehr zunimmt. Kirchengemeinden sind das kleinräumigste demokratisch legitimierte soziale System.« Mehr noch als dies: Gemeinden beziehen sich auf ein umfassendes Sinn- und Lebenspotential, das nicht nur den menschlichen Zusammenhalt prägt, sondern das menschliche Leben von der Wiege bis zur Bahre erfüllt. Wie auch in den Sozialwissenschaften geht die Diakoniewissenschaft heute von einem Konzept aus, das die »Lebenswelt« als das eigentliche Agens für Einzelne, wie auch für Gruppen, in den Mittelpunkt des Interesses stellt. Zellfelder-Held bedient sich dieses Ansatzes bzw. leitet ihn sogar aus dem eigentlichen Gemeindebildungsprozess der Kirchengemeinden ab. Diakonie wird so nicht etwas Äußerliches, das zum Wesen der Kirche noch hinzutritt, sondern wird zum Wesentlichen. Deshalb stellt der Verfasser auch das gottesdienstliche Leben in den Mittelpunkt seiner Überlegungen. Das Abendmahl wird zum Quellort der Diakonie. Allerdings stellt der Verfasser fest, dass, wenn das Heilige Mahl zu einem isolierten, kultischen Akt verkommt und von seiner sozialen Bedeutung abgelöst gefeiert wird, »es dem Willen Gottes widerspricht, der ›Leib des Herrn‹ wird mißachtet«. Das gesamte gottesdienstliche Leben erhält von der Feier der Eucharistie aus seinen Sinn und ebenso wird der Alltag der Gemeinde dadurch geprägt.

Es ist konsequent, dass zu den geistlichen Fragestellungen in jeder

Gemeinde zentral auch die Frage nach Kranksein und Gesundsein im Licht des christlichen Zeugnisses gestellt und beantwortet werden soll. Diese Aufgabe entsteht nicht zuletzt deshalb, weil die Kirche eine enorme Zahl von Krankenhäusern, Sozialstationen, therapeutischen Einrichtungen in ihre Trägerschaft übernommen hat, sondern vor allem deshalb, weil das Verständnis von Krankheit und Gesundheit im Licht der Botschaft Jesu Christi noch etwas anderes bedeutet als die Definition der Schulmedizin. Dies bedeutet zugleich, dass die zahlreichen professionellen Kräfte, die im Gesundheitswesen arbeiten und gleichzeitig im Horizont der Gemeinde leben, in den Prozess der Willensbildung mit einbezogen werden sollen. Die Überlegungen Zellfelder-Helds zu diesem Thema sind geeignet, die Gesprächskultur in den Gemeinden konkret anzuregen.

Nachdem in einer Überfülle von Beispielen der Grundansatz mit Leben erfüllt wird, beschließt der Verfasser seinen Text mit einer »Phantasiereise zu einer diakonisch entwickelten Gemeinde«. Wer das Buch gelesen hat, wird allerdings merken, dass hier keine Utopie vorgetragen wird, sondern eine phantasievolle Anleitung zur praktischen Gestaltung von Wirklichkeit. Die meisten Beispiele entnimmt der Verfasser realen Situationen, die er selbst beobachtet hat oder die in Berichten nachlesbar sind. Damit wird zugleich deutlich, dass in vielen Gemeinden nicht nur ansatzweise Wege beschritten werden, die der Verfasser vorzeichnet. Er setzt die Einzelbeobachtungen zu einem Mosaik zusammen und entwirft so ein Bild einer lebendigen Gemeinde, in der Alte und Junge, behinderte und nichtbehinderte Menschen, Gesunde und Kranke, AusländerInnen und Einheimische eine Lebensgemeinschaft bilden. Konsequenter Weise müßten wir noch hinzufügen, dass die Gemeinde nicht nur ökumenisch geprägt sein muss, sondern heute auch eine interreligiöse Gesprächskultur zu entwickeln hat. Die Zeiten, in denen wir von einer homogenen konfessionellen Nachbarschaft und örtlichen Sozialstruktur ausgehen können, sind längst vorbei.

Wer von dem Buch die Beantwortung aller Fragen, die heute die

Gemeinden bewegen, erwartet, wird enttäuscht werden. Wer aber eine Vision für Gemeinde sucht und mit dem Verfasser hofft, dass Gemeinden wieder so etwas wie eine Vision für die Zukunft der Kirche werden könnten, wird großen Gewinn ziehen. Ich kann das Buch jedenfalls meinen Studentinnen und Studenten, die gelegentlich mit Sorge an ihre zukünftige Tätigkeit in der Kirche denken, als ermutigende Lektüre empfehlen.

*Professor Dr. Dr. Theodor Strohm*

# VORWORT

Kirchengemeinden sind das »beste Pferd im Stall« der Kirche. Diese Überzeugung ist Grundlage des Buches.

Diakonie als Wesensäußerung der Kirche war mit seinen großen Einrichtungen und Werken in den Jahrzehnten nach dem 2. Weltkrieg unausgesprochen orientiert am Modell »Sozial-Behörde«. In den letzten Jahren hat sich ein rasanter Wechsel zum Modell »Unternehmen« vollzogen. Beide Modelle sind ausgesprochen unbefriedigend und von außen bestimmt.

Die Suche nach dem Eigentlichen gerät dann leicht zur Jagd nach einem Phantom, das man meist in der freundlichen, Überstunden machenden, motivierten Mitarbeiterschaft zu finden glaubt. Das ist aber zu wenig und vor allem eine Überforderung für Mitarbeitende.

Eine kritische Diagnose stellt fest:

*»Die Gesellschaft produziert zwar soziale Leistungen, nicht aber sozialen Zusammenhalt. Und die gängige Sozialarbeit verstärkt diesen verhängnisvollen Trend ... Ein weiterer Ausbau der Sozialarbeit alten Typs macht die Gesellschaft nicht solidarischer, sondern bewirkt das Gegenteil. Sie würde die Spaltungen der Gesellschaft nur zementieren. Abgesehen davon, dass sich dieser Typus von Sozialarbeit zunehmend als unbezahlbar erweist.«*[1]

Diesem Buch liegt die theologische Erkenntnis zugrunde, dass

> Ursprung und Quelle der Diakonie das Heilige Abendmahl ist.
> Diakonie ist letztlich nur Diakonie,
> wenn sie sich als Diakonie vom Altar aus versteht.

Je deutlicher Diakonie als Dimension der Gemeinde verstanden und entwickelt wird, desto deutlicher werden Kirchengemeinden als *solidarische Gemeinden* sichtbar. Die angestrengte, mühsame innerkirchliche Suche nach Profil würde dadurch ein Stück weit gegenstandslos.

*Diakonische Gemeindeentwicklung* kann einen gelebten, sichtbaren Beitrag gegen den Verlust sozialen Zusammenhalts und der gesellschaftlichen Entsolidarisierung leisten. Dadurch gibt sie den Worten aus der Bergpredigt: »Ihr seid das Salz der Erde ... Ihr seid das Licht der Welt« (Mt 5,13 f.) Gestalt.

Gemeinden verfügen über ein großes Innovations- und Entwicklungspotential.

Von den Landeskirchen und Diakonischen Werken ist zu wünschen, dass sie Gemeinden durch die Schaffung organisatorischer und finanzieller Rahmenbedingungen bei der Aktivierung dieses Potentials fördern und unterstützen.

Der erste Teil des Buches »ZUM ANWÄRMEN« ermöglicht, die Grundüberzeugungen dieses Buches näher kennen zu lernen.

Im zweiten Teil »SCHAUFENSTER DER MÖGLICHKEITEN« werden eine Fülle von Erfahrungen, Modellen und Ideen an Möglichkeiten gemeindezentrierten, diakonischen Handelns vorgestellt. Die pragmatische Gliederung (*Diakonie im Einzugsgebiet des Gottesdienstes, des Pfarramtes, der Diakonie-Sozial-Station, des Kindergartens*) wurde gewählt, weil das die Stellen sind, wo Menschen Gemeinde begegnen und in Kontakt kommen.

Im dritten Teil des Buches »HANDWERKSZEUG FÜR DIAKONISCHE GEMEINDEENTWICKLUNG« werden Tipps und Anregungen gegeben, wie denn nun diakonische Gemeindeentwicklung angegangen und vorangebracht werden kann.

Den Abschluss »ZUM AUSKLANG« bilden eine Phantasiereise zu einer diakonisch entwickelten Gemeinde und ein Gebet aus der Abendmahlsliturgie.

Das Buch wendet sich an Menschen, die Interesse an Gemeinde oder Diakonie haben.

Es wendet sich an Menschen, die sich fragen, wie denn Kirche sich den gesellschaftlichen Veränderungen stellen könne, welche Antworten darauf gefunden werden könnten, was der Weg der Kirche in die Zukunft ist.

Es wendet sich schließlich an die Menschen, die ehrenamtlich oder beruflich mit Gemeinde oder Diakonie zu tun haben und auf der Suche nach einer neuen, motivierenden Perspektive sind.

Der Verfasser (Jahrgang 1959) arbeitet gegenwärtig als Gemeindepfarrer in einem der sozialen Brennpunkte Nürnbergs. Ein diakoniewissenschaftliches Zusatzstudium in Heidelberg schloss er mit einer Arbeit über »Kirchliche Ehrenamtlichkeit« ab. 1990 erfolgte die Promotion über »Heilendes Handeln im Horizont diakonischen Gemeindeaufbaus«. Im Rahmen der Gemeindearbeit sammelte er jahrelange praktische Erfahrungen mit Diakonie auf Gemeinde- und Bezirksebene. Er ist vielen Menschen für anregende Gespräche, Begleitung und Unterstützung dankbar. Namentlich sollen genannt sein:

Gottfried Schoenauer, Lorand Szüszner, Ruth Heß, Herbert Kempf, Bärbel Sturm, Helene Kopp, Albrecht Immanuel Herzog, Almut Held.

*Paul-Hermann Zellfelder-Held*
*Nürnberg, im Oktober 2001*

# I. ZUM ANWÄRMEN

## 1. Unbequemes und Hoffnungsvolles gegen den Trend

### UNBEQUEMES

*»Niemand hat heute eine Vision. Niemand sagt, was werden soll und wo es langgeht. Das geistige Leben ist durch Ratlosigkeit und beklemmende Leere charakterisiert.«* (Marion Gräfin Dönhoff)

Diese Situationsbeschreibung trifft auch auf die heutige Lage in der Kirche zu. Allem Aktivismus, Leitbildentwicklungen, Kirchenprogrammen zum Trotz: Es fehlt eine Vision. Es fehlt eine Vision für Kirche. Es fehlt vor allem eine Vision für die Kirchengemeinden. Aber es ist noch schlimmer: Gemeinden stehen überhaupt nicht im Zentrum kirchlicher Entwicklungsüberlegungen allen schönen Worten zum Trotz. Gemeinden wird wenig zugetraut, um Antworten zu geben auf das, was Menschen suchen und brauchen. Und schon gleich gar nicht wird Gemeinde als Zukunftsmodell in Betracht gezogen.

Gemeinden müssen häufig als Negativfolie kirchlicher Wirklichkeit herhalten. Gemeinden gelten als engstirnig, kleinkariert, mit sich selbst beschäftigt. Die Zukunftsdiskussion ist geprägt von Stichworten wie Überwindung von Kirchturmdenken, Regionalisierung, Zusammenlegung, Rückzug aus der Fläche, zielgruppenspezifische Angebotsentwicklung. Gemeinden sollen entlastet werden, heißt es, und gemeint ist: Ihnen sollen Kompetenzen entzogen werden. Wird von Kerngemeinde und Kirchentreuen gesprochen, dann hat das einen negativen Beigeschmack. Gemeinden werden wenig Fähigkeiten zugetraut, kirchenferne Menschen zu erreichen. Gemeindeentwicklung liegt gegenwärtig ganz und gar nicht im Trend. Angesagt ist die Entwicklung der so genannten mittleren Ebene und das heißt dann vor allem Dekanatsentwicklung. In den Anfängen der Diskussion um die mittlere Ebene ging es noch darum, Fähigkeiten und Möglichkeiten zu verantwortlichem

Handeln von der landeskirchlichen Zentrale näher an die Menschen und operativen Institutionen, insbesondere die Gemeinden, zu verlagern. Mittlerweile ist davon nur noch wenig die Rede. Unter dem Stichwort »Kostenneutralität« geht die Stärkung der Dekanatsebene überwiegend auf Kosten der personellen und finanziellen Ressourcen der kirchlichen Basis, der Gemeinden. Viel von sich reden machen gegenwärtig Projekte wie das »Evangelische Münchenprogramm« oder »Evangelisch in Nürnberg«. Letzteres hatte zunächst einen sehr positiven Ansatz: Gemeinden von Anbeginn durch intensive Anhörungen einzubeziehen. Da hätte die Chance bestanden, schon allein durch den Prozess der Programmentwicklung einen Motivationsschub bei beruflich wie ehrenamtlich Mitarbeitenden in Gang zu setzen. Diese Chance wurde vertan, weil die Verantwortlichen in einem viel zu engen Zeitplan zu einem bestimmten Zeitpunkt bereits bestimmte Ergebnisse vorliegen haben wollten. Dadurch wurde viel Porzellan zerschlagen und Frust statt Lust erzeugt. Bei einem Neuansatz mit über 20 Arbeitsgruppen zu einzelnen Themenbereichen kam niemand der Verantwortlichen auf die Idee, eine Arbeitsgruppe könnte sich auch mit Diakonie befassen!

Der Blick auf die Möglichkeiten diakonischer Gemeindeentwicklung ergibt ein noch düstereres Bild. In der Ausbildung der Pfarrer und Pfarrerinnen kommt Diakonie praktisch nicht vor. Entsprechend wird Gemeindediakonie als etwas Fremdes empfunden (»und das auch noch«). In der Aus- und Weiterbildung diakonischer Berufe kommen Theologie und Gemeinde praktisch nicht vor. Die Ursachen dafür liegen in weit zurückreichenden theologischen und kirchengeschichtlichen Fehlentwicklungen.

Durch die Einführung der Pflegeversicherung ist zu allem Übel eine Entwicklung in Gang gekommen, die zu einem rasanten weiteren Auswandern diakonischen Handelns aus den Gemeinden führt. In den vergangenen Jahrzehnten gelang es nicht, Diakonie wesentlich auch als Sache der Gemeinden zu begreifen und zu entwickeln. Jetzt ist dieses Anliegen fast völlig aus allen Zukunftsüberlegungen verschwunden.

## HOFFNUNGSVOLLES

Wenn von Gemeinde gesprochen wird, wird häufig und schnell von den Grenzen ihrer Möglichkeiten gesprochen.

Im Gegensatz dazu werden in diesem Buch die großen und beflügelnden Möglichkeiten diakonischer Gemeindeentwicklung aufgezeigt werden.

Gemeinden haben ihre Zukunft nicht hinter sich, sondern vor sich! In vielerlei Hinsicht gilt sogar: Die Zukunft der Kirche wird von der Zukunft der Gemeinden abhängen. Es geht nicht nur darum, eine Vision für Gemeinde zu entwickeln, sondern Gemeinde als Vision für die Zukunft der Kirche zu entdecken. Kirchengemeinden sind, auch gesellschaftlich gesehen, ein einzigartiger Organismus. Das flächendeckende Netz von Gemeinden ist die feinmaschigste gesellschaftliche Struktur, die es heute in Deutschland gibt. Kirchengemeinden sind, ein Gegenmodell zu einer Welt mit immer unpersönlicheren und unübersichtlicheren Strukturen, in der die soziale Verinselung und Anonymität der Menschen immer mehr zunimmt. Kirchengemeinden sind das kleinräumigste demokratisch legitimierte soziale System.

Menschen aller Schichten und Altersstufen sind Gemeindemitglieder. Nichts geschieht außerhalb des Bereichs, der Ruf- und Sichtweite einer Kirchengemeinde. Jedes Glück, jedes Leid, jede Not ereignet sich in ihrem Bereich. Gemeinden haben ein umfassendes »Lebenspotential«, das Himmel und Hölle, Geburt und Tod, Feier und Trauer, Jung und Alt, Hilfe geben und Hilfe erfahren, Entlasten und Beistehen, Freiraum und Geborgenheit, Individualität und Sozialität umfasst.

Die negativen Folgen der Vereinzelung, sozialen Verinselung, Atomisierung der Gesellschaft werden immer deutlicher sichtbar und beklagt. Die Sehnsucht nach einem weniger »zersplitterten« Leben ist groß. Menschen nehmen stundenlange Anfahrten zur Arbeit in Kauf, nur um in einem heimatlichen Bereich zu leben und in einem sozialen Gefüge zu bleiben. Schon werden staatlicherseits Projekte gefördert, die der Begegnung der Generationen dienen sollen, ebenso wie Projekte, die

Stadtteil bezogen die Vernetzung der Vielzahl isolierter sozialer Dienste fördern.

Während das Schwinden des gesamtkirchlichen Einflusses auf die Gesellschaft beklagt wird, ist den Gemeinden – bisher weitgehend unbeachtet – gesellschaftsdiakonische Bedeutung zugewachsen: Stimme, Anwalt für den Stadtteil, für den Ort, das Dorf zu sein, weil andere gesellschaftliche Kräfte weggebröckelt sind. Niemand als Gemeinde ist kompetenter für das, was im Stadtteil, im Ort los ist, wie es den Menschen geht, wo die Nöte sind, was sie brauchen. Diese Kompetenz kann oft ihre Kraft noch nicht entfalten, weil die gemeindlichen »Kompetenzzentren« zu wenig gezielt miteinander kommunizieren: der Pfarrer, die Pfarrerin, die Mitglieder des Kirchenvorstands, die Krankenschwester, die Kindergartenleitung, die Jugendleitung, die an der Schule Tätigen oder für Seniorenarbeit Verantwortlichen.

Das »Sozialpapier«[2] der Kirchen fordert, Kirchen sollen als *Orte der Solidarität und Nächstenliebe* erfahrbar werden. Konkretes fällt den Verfassern dazu kaum ein. Das ist kein Wunder, wurde doch übersehen, dass gerade Gemeinden das Zeug dazu haben, solche Orte zu sein oder zu werden.

## 2.  Anliegen diakonischer Gemeindeentwicklung

Um was soll es diakonischer Gemeindeentwicklung gehen? Was sind die Anliegen? Mit welchen Leitsätzen können die Anliegen und Ziele prägnant beschrieben werden? Jede Gemeindesituation hat ihren eigenen Charakter. Was für die eine Gemeinde vorrangig erscheint, kann bei der anderen vernachlässigt werden. In einer Gemeinde können die Folgen von Arbeitslosigkeit ein ernstes Problem sein, in der anderen erscheint es dringlich, sich mit der Situation junger Familien zu befassen. Die dritte mag besonders konfrontiert sein mit den Auswirkungen des Zerbrechens traditioneller sozialer Netze usw.

Anhand folgender Fragen sollen nun die Anliegen diakonischer Gemeindeentwicklung aufgezeigt werden:

1. Wie kann eine Gemeinde zum *gemeinsamen Lebensraum* von Gesunden und Kranken, von Behinderten und Nichtbehinderten, von Starken und Schwachen, von Armen und Reichen, von Stabilen und Instabilen, von Leistungsfähigen und Leistungsschwachen, von Außenseitern und gesellschaftlichen Insidern werden? Wie kann also *miteinander* gelebt werden und nicht nur *für andere* etwas getan werden?

2. Wie kann eine Gemeinde ihren Beitrag leisten gegen *Vereinsamung* und *Vereinzelung* der Menschen?

3. Wie können die *kleinen sozialen Systeme* (Familie, Verwandtschaft, Nachbarschaft, Kreise und Gruppen) in ihrer *Tragfähigkeit* gestützt, gefördert und entlastet werden?

4. Kann eine Gemeinde angesichts des Schwindens traditioneller sozialer Netze *neue belastbare und entlastende Netze* knüpfen?

5. Wie kann eine Gemeinde angesichts der gesellschaftlichen Dominanz des Spezialistentums zur allgemeinen *Lebenskompetenz* ermutigen und diese stärken, um die soziale Relevanz der alltäglichen Lebensvollzüge gegenüber spezialisierten Diensten auszubauen?

6. Wie kann *ehrenamtliches diakonisches Engagement geweckt*, gefördert und begleitet werden, so dass es ein Gewinn für alle Beteiligten ist? Was brauchen Ehrenamtliche für sich und zur Ausübung ihres Dienstes?

7. Wie können gemeindliche und außergemeindliche *Dienste*, berufliche wie ehrenamtliche, miteinander wirkungsvoll *kommunizieren und kooperieren*, um die diakonische Leistungsfähigkeit und Leistungspalette bedürfnisorientiert durchzuhalten und auszubauen?

8. Mit welchen Aktivitäten kann und will die Gemeinde *Zeichen weltweiter Verantwortung* setzen?

9. Welchen Beitrag kann Gemeinde leisten, um *Menschen in sozialer Not beizustehen*?

10. Wie kann auf akut auftretende *Notsituationen* (Katastrophen, Flüchtlingsströme u. Ä.) flexibel, angemessen und solidarisch reagiert werden?

11. Welches Potential besitzt eine Gemeinde, um Menschen an den *Wendepunkten des Lebens* und in *Krisensituationen* begleiten zu können?

12. Will Gemeinde sich als *Anwalt* für den Stadtteil, für den Ort verstehen?

13. Wie kann das *diakonische Amt* der Gemeinde *beständig* (analog zur Beständigkeit des gottesdienstlichen Feierns) wahrgenommen und durchgehalten werden? Welche Strukturen, Organisationsformen, personalen und logistischen Rahmenbedingungen erscheinen, bezogen auf die konkrete Gemeindesituation, dazu erforderlich und erstrebenswert?

14. Wie sollen die *Räume der Gemeinde* diakonisch gestaltet werden, um zu Lebensräumen zu werden?

15. Wie kann mit *personalen und finanziellen Ressourcen* nachhaltig gehaushaltet werden, wie können diese gestärkt werden?

16. Welche Schritte will eine Gemeinde tun, um den Weg *diakonischer Gemeindeentwicklung* einzuschlagen?

Hinter allem und vor allem steht die Grundfrage mehrdimensionaler Gemeindeentwicklung:

Wie soll Gemeinde unter Mitwirkung möglichst vieler Gemeindemitglieder in die Zukunft hinein so gestaltet werden, dass sie für möglichst viele zur geistlichen und sozialen Heimat werden kann, um auf der Höhe der Zeit gastfreundlich, einladend und glaubwürdig Gemeinde Jesu Christi zu sein?

Letztlich geht es um die eine Frage:

Wie kann Gemeinde transparent werden für die Liebe Gottes, wie kann sie ein Zeichen der Liebe Gottes für diese Welt sein?

# 3. Schnittstelle Abendmahl: Eine theologische Grundlegung der Diakonie im Abendmahl

Diakonie steht mit auf dem Prüfstein, wenn es im Rahmen kirchlicher Aufgabenkritik darum geht, die Spreu vom Weizen zu trennen: Welche kirchlichen Aktivitäten können aufgegeben werden, welche sind unaufgebbar?

Das Auswandern diakonischen Handelns aus der Gemeinde fällt so leicht, weil es an theologischer Grundlegung mangelt. Deshalb hat eine theologische Orientierung große Bedeutung für alles Weitere. Allzu leicht kann sonst diakonischer Gemeindeentwicklung der Vorwurf gemacht werden, Gemeinden in Sozialagenturen umwandeln zu wollen.

Um eines gleich vorweg zu nehmen: Diakonie mit dem Gebot der Nächstenliebe zu begründen ist zwar weit verbreitet, aber falsch. Zudem ist diese Begründung verhängnisvoll, weil der diakonische Auftrag damit individualethisch begründet wird. Begründet man aber Diakonie aus dem Gebot an den Einzelnen zur Nächstenliebe, dann wäre Diakonie primär auch Sache Einzelner und nicht wesentlich und unaufgebbar Sache der Kirche.

Von der Urgemeinde heißt es über die, die getauft worden sind: *»Sie blieben aber beständig in der Lehre der Apostel und in der Gemeinschaft und im Brotbrechen und im Gebet.«* (Apg 2,42)

Daraus lassen sich die vier Dimensionen gemeindlichen Seins ableiten, also das, was wesentlich und unaufgebbar Gemeinde zur Gemeinde macht:

MARTYRIA
ist das, was nach Karfreitag und Ostern
zu sagen ist
(Zeugnis geben).

KOINONIA
ist das, wie nach Karfreitag und Ostern
zu leben ist
(Gemeinschaft leben).

LEITURGIA
ist das, was nach Karfreitag und Ostern
zu feiern ist
(Gottesdienst feiern).

DIAKONIA
ist das, was nach Karfreitag und Ostern
zu tun ist
(helfen).

Wird von Dimensionen gesprochen, dann im strengen Sinn der Wortbedeutung: Jede Dimension ist in der anderen mit enthalten (im Unterschied zur Rede von Ebenen, Schichten, Bereichen o. Ä.). Ihre gemeinsame Schnittstelle ist die Mahlfeier.

## DIAKONISCHE GRUNDSITUATIONEN

Diakonie hat ihre Quelle, ihren theologischen Ort im Abendmahl, in der Eucharistie. Das ist *die* diakonische Grundsituation schlechthin. Es ist kein Zufall, dass das griechische Wort »diakonein« im Ursinn das Dienen bei Tisch meint. Aber das bedarf einer ausführlicheren Erklärung. Am Beispiel der Geschichte von den Emmausjüngern (Lk 24, 13–35) lässt sich Grundlegendes über Diakonie lernen:

Zwei Menschen sind unterwegs. Ihnen wurde alles genommen, was sie hatten: ihre Hoffnungen, Träume. Alles ist aus. Sie sind enttäuscht, verzweifelt. Sie sind unterwegs zu einem Ort. Vielleicht stammen sie von dort. Vielleicht wollen sie zurück zu ihren Anfängen. Vielleicht hoffen sie in ihrer Vergangenheit wieder Halt zu finden.

Sie sind ratlos, verzweifelt, enttäuscht. Aber sie gehen zusammen. Sie sind

Weggefährten der Hoffnungslosigkeit. Sie haben einander nichts zu raten, zu geben, zu helfen. Sie können sich nicht mehr geben als das Teilen ihrer Verzweiflung, als gemeinsam unterwegs zu sein: *Eine diakonische Grundsituation ist Weg- und Zeitgenossenschaft.* Diakonie beginnt nicht bei der Therapie, nicht mit dem Helfen, nicht mit der Hilfe des Starken, der dem Schwachen beisteht. Sie beginnt mit der Weg- und Zeitgenossenschaft der Verzweifelten, Hoffnungs- und Ratlosen untereinander. Diakonie setzt nicht dort ein, wo die eine Seite die Lösung, das Rezept für die Probleme und Nöte der anderen Seite hat. Sie setzt dort ein, wo Christen und Christinnen in der Nacht ihres Lebens sich einander zu Gefährten werden, zu Weg- und Zeitgenossen.

Ein Dritter gesellt sich zu ihnen. Er geht mit ihnen und hört zu: *Eine weitere diakonische Grundsituation ist hinhörendes, wahrnehmendes Schweigen.* Diakonie beginnt nicht mit Raten, nicht mit Denkschriften und Programmen. Sie beginnt mit Schweigen. Es ist ein mitgehendes, hinhörendes Schweigen. Es ist ein Schweigen aus Interesse an denen, die mit unterwegs sind. So erfahre ich die Not der anderen. Diakonie beginnt mit dem Wahrnehmen. Es ist ein mitgehendes Wahrnehmen, kein Beobachten aus sicherer Entfernung, von der hohen Warte aus: Teilnehmen und Wahrnehmen.

Schließlich erkundigt er sich nach dem, was die zwei Männer besprechen. Sie bleiben stehen und erzählen ihm ihre Erlebnisse, woher sie kommen, die Erfahrungen, die hinter ihnen liegen. Sie erzählen ihm ihre zerstörten Hoffnungen.

*Eine dritte diakonische Grundsituation ist das Aushalten von Klage.* Nachfragen, es aushalten, dass Unangenehmes, Erfahrungen des Leides ausgesprochen werden. Diakonie gibt der Klage Raum. Sie bleibt mit den Verzweifelten stehen und nimmt sich Zeit.

Am Anfang der Diakonie steht nicht die Aktion, sondern diakonische Kontemplation: Das ist das Wahrnehmen, Betrachten, Hören, Hinsehen auf die Leiden der Welt, auf die Klagen der Leidenden.

Wo kommen die beiden Menschen her? Sie kommen vom Karfreitag ihres Lebens. Es ist der Karfreitag aller Karfreitage: der »*gekreuzigte Gott*« (Jürgen Moltmann). Gott wurde in Jesus von Nazareth als Mensch von Menschen gekreuzigt, vernichtet, zerstört. Am Kreuz schreit Gott mit allen Verzweifelten dieser Welt seine Verzweiflung aus: »Mein Gott, mein Gott, warum hast du mich verlassen?« Nicht dort ist Gottesferne und Gottlosigkeit, wo Menschen an Gott und der Welt verzweifeln, sondern dort, wo Menschen sich abfinden mit den Leiden der Welt. Wo Menschen nicht mehr an den Leiden der Welt leiden, sondern sich apathisch und zynisch damit abfinden und es hinnehmen.

Die Bedeutung des Leidens Jesu Christi liegt nicht darin, dass sein Leiden das Leiden anderer übertrifft, dass seine seelischen und körperlichen Schmerzen schlimmer sind als die anderer Menschen. Der »Wert« des Kreuzes Christi besteht auch nicht allein darin, dass er stellvertretend leidet, dass dadurch anderes Leiden minimiert oder ersetzt wird: Seit Karfreitag hat das Leiden aller Kreatur noch keinen Augenblick ausgesetzt und noch niemand litt deshalb weniger. Nein, die Bedeutung des Kreuzes liegt darin, dass der eifernde Gott so sehr um seine Geschöpfe eifert, dass er ihre Nähe sucht, so sehr, dass er in Jesus Christus menschlich wurde, Gefährte der Gefährdeten. Das ist seine Passion, seine Leidenschaft für das Leben und sein Leiden am Leben. Das Kreuz wird zum Symbol des leidenschaftlichen Gottes. Diese »Passion« Gottes ist der Grund, dass er seinen Geschöpfen eine Erlösungsperspektive jenseits des Todes durch die Auferstehung Christi eröffnet hat.

Vom Karfreitag aller Karfreitage kommen die Emmausjünger her. Sie haben den Tod Gottes hinter sich. Nachdem sie dem Dritten ihr Herz ausgeschüttet haben, legt dieser ihnen den Grund des Glaubens dar.

*Eine vierte diakonische Grundsituation: Diakonie bleibt nicht stumm.* Sie basiert auf einem bestimmten Gottes- und Menschenbild und sie argumentiert damit. Sie bietet es an. Aber sie biedert sich nicht an: Sie ist zurückhaltend: »Und er stellte sich, als wollte er weitergehen. Und sie nötigten ihn und sprachen: Bleibe bei uns; denn es will Abend werden, und der

Tag hat sich geneigt. Und er ging hinein, bei ihnen zu bleiben.« Christus und wir: Jesus Christus macht sich uns zum Gefährten, zum Zeitgenossen durch alle Zeiten, zum Weg- und Zimmergenossen unseres Lebens.

*Darin zeigt sich eine fünfte diakonische Grundsituation: Diakonie »profitiert« von ihrer Genossenschaft mit den Hoffnungslosen und Bedrückten:* Sie wird zum Bleiben in ihrem Haus eingeladen. Und sie bleibt. Helfen ist keine Einbahnstraße. Es ist geben und bekommen, teilen und mitteilen. Helfen ist Partizipation: Teilnehmen am Weg, am Gespräch, am Raum, am Brot.

»Und es geschah, als er mit ihnen zu Tische saß, nahm er das Brot, dankte, brach's und gab's ihnen« – und sie erkannten ihn.

Das ist die diakonische Grundsituation: das Heilige Abendmahl.

Sie erkannten Jesus, den Gekreuzigten, als Auferstandenen nicht an seinem Begleiten, nicht daran, dass er ihnen geduldig zuhörte, mit ihnen ging. Sie erkannten ihn nicht an seinen Worten, an seiner Glaubensüberzeugung, nicht an seinen Argumenten.

Nein, daran erkannten sie ihn, dass er mit ihnen zu Tisch saß, das Brot nahm, dankte, brach und ihnen gab: An der Mahlfeier erkannten sie den Gekreuzigten als Lebenden, als gegenwärtig. Es ist ihr persönliches Ostern. Die Kunde davon tat es nicht. Es bedurfte der Erfahrung, Begegnung, Gemeinschaft in der Feier des Mahls.

Das Heilige Abendmahl ist die Quelle der Diakonie.

Das Heilige Abendmahl ist die Raststätte der Diakonie auf ihrem Weg durch die Zeiten.

Das Heilige Abendmahl ist das Ziel der Diakonie: dann, wenn der Tod nicht mehr ist und alles Leid überwunden ist und die Gläubigen das eschatologische Freudenmahl feiern werden.

Zurück zu unserer Geschichte. Die Emmausgeschichte ist nicht zu Ende. Sie ging weiter, sie geht weiter. Die beiden Männer haben nicht nur neue Hoffnung, sondern auch neue Kraft erfahren. Noch in der gleichen Nacht machen sie sich auf, um zu den Gefährten und Gefährtinnen nach Jerusalem zurückzukehren. Sie kehren zurück zu den anderen Leidenden, die sie kennen, um ihnen ihre hoffnungs- und kraftgebende Erfahrung mitzu*teilen*, weiterzu*geben*. *Das ist die siebte diakonische Grundsituation: Wer Kraft, Hoffnung erfahren hat, gibt sie weiter.* Als es in meiner früheren Gemeinde darum ging, ob bosnische, moslemische Flüchtlinge im Gemeindehaus aufgenommen werden sollen, hörten wir immer wieder das Argument: »Ja, wir waren selbst Flüchtlinge, wir wissen, was es heißt, vertrieben und auf der Flucht zu sein.«

Teilen kann nur der, für den auch geteilt worden ist: »Ich habe Schlimmes erlitten, deshalb verstehe ich die Not des Anderen.«

So inhaltlich dicht die Emmausgeschichte auch ist, sie ist nicht exklusiv zu verstehen. Viele andere Geschichten sind komplementär zu ihr, etwa Jesu Einkehr beim »Sünder« Zachäus oder die Geschichte von Jesus und der Sünderin, der Prostituierten – überhaupt die Geschichten, wie Jesus mit Menschen, so genannten Randgruppen umgeht. Der »irdische Jesus« ist verschiedenen Menschen, je in ihren verschiedenen Lebenssituationen, Nöten, in ihren Bedürfnissen, in ihrer Individualität »erschienen«. Dies setzt sich auch in den Begegnungen mit dem Auferstandenen fort: Bei den Emmausjüngern waren es Enttäuschte, bei denen hinter verschlossenen Türen waren es Geängstigte, Petrus begegnete er in der Sinnkrise, den Frauen am Grab in der Liebe.

Wie es mit den Emmausjüngern weiterging, wird nicht berichtet. Offensichtlich spielt das keine Rolle. Sie haben etwas erfahren, empfangen und sie haben es weitergegeben. Es wird nicht bilanziert, wie deren Leben und Wirken weiterging, ob sie wieder müde wurden. Das scheint keine Rolle zu spielen. *Darin zeigt sich eine weitere, die achte diakonische Grundsituation: Menschen dürfen zurück ins zweite Glied. Es ist von uns nicht der lebenslange Totaleinsatz verlangt.* Wir empfangen und geben weiter. Als in Wien die Hofburg brannte, bildeten Polizei und Feuerwehr eine Kette. Einer reichte dem anderen die zu rettenden Kostbarkeiten weiter. So wurden sie gerettet.

Es geht um das Bilden einer Kette der Solidarität.
Diese in einer Gemeinde zu entwickeln und aufrecht zu erhalten
ist Aufgabe diakonischer Gemeindeentwicklung.

Verstünden wir Diakonie als Ausfluss des individualistischen Gebots der Nächstenliebe, würde jeder von uns restlos überfordert. Wir müssten an diesem Druck zerbrechen. Mit der eucharistischen Mahlfeier bildet der Auferstandene eine Kette der Solidarität, Gemeinschaft mit uns durch die Zeiten, zwischen Menschen aller Schichten, Altersstufen und Völkern. Er gibt sich uns weiter. Mit Brot und Wein, seinem wahren Leib und Blut, teilt er sich uns mit. Er gibt sich uns, der Gott des Lebens, so können wir das Leben weitergeben. Gott sucht pausenlos die Gemeinschaft mit seinen Geschöpfen. Seine Gemeinschaftssuche mit allen wird im Heiligen Abendmahl mit einigen stellvertretend sichtbar. Das Abendmahl ist das Symbol der universalen Gemeinschaftssuche Gottes mit seinen Geschöpfen. Gemeinsam zu Tisch zu sitzen, zu essen, zu trinken ist der intimste Bereich einer Gruppe. Man ist sich schon räumlich sehr nah, mit allem, was dazu gehört. Essgeräusche, Gerüche. Bei jeder Tischgemeinschaft liefern Menschen ein Stück weit sich gegenseitig aus. Man teilt und teilt sich mit. Sie schenken sich ein, reichen sich die Speisen weiter. Jeder »bereichert« sich durch Essen und Trinken, wird gesättigt, »lebenssatt«, und doch ist es nicht peinlich und nicht egoistisch. Jedes bewusste gemeinschaftliche Essen und Trinken hat einen eucharistischen Bezug.

## DIE DIAKONISCHE BRISANZ DES ABENDMAHLS

Wir essen vom Brot des Lebens und wollen es teilen und weitergeben. Das Heilige Mahl ist aber kein isolierter kultischer Akt. Mit jeder Eucharistie erteilen wir den widergöttlichen Mächten ein Absage.
*»Ihr könnt nicht zugleich den Kelch des Herrn trinken und den Kelch der bösen Geister; ihr könnt nicht zugleich am Tisch des Herrn teilhaben und am Tisch der bösen Geister.«* (1. Kor 10,21)

Und es ist gerade die Missachtung der sozialen Bedeutung der Mahlfeier, die Paulus der Gemeinde in Korinth vorwirft:

*»Wenn ihr nun zusammenkommt, so hält man da nicht das Abendmahl des Herrn. Denn ein jeder nimmt beim Essen sein eigenes Mahl vorweg, und der eine ist hungrig, der andere ist betrunken. Habt ihr denn nicht Häuser, wo ihr essen und trinken könnt? Oder verachtet ihr die Gemeinde Gottes und beschämt die, die nichts haben? Was soll ich euch sagen? Soll ich euch loben? Hierin lobe ich euch nicht.«*      (1. Kor 11,20–22)

Die Korinther hatten aus der Mahlfeier ein unsoziales Gelage gemacht. Sie essen und trinken. Sie warten nicht aufeinander. Das Mahl wird zum Ausdruck der innergemeindlichen Spaltung. Wer sich so verhält, verachtet die Gemeinde Gottes und beschämt die, die nichts haben. Wird das Heilige Mahl von seiner sozialen Bedeutung abgelöst gefeiert, widerspricht es dem Willen Gottes, der »Leib des Herrn« wird missachtet. In der alten Kirche gab es den Brauch, Speis' und Trank nach der Mahlfeier zu den Armen und Kranken der Gemeinde zu bringen, zu denen, die nicht daran teilnehmen konnten. Das Bild von der Gemeinde als Leib Christi verbindet alle Mitglieder zu einer Solidargemeinschaft: *»Und wenn ein Glied leidet, so leiden alle Glieder mit ...«*    (1. Kor 12,26)

Mit jeder Feier des Heiligen Abendmahls wird die Hingabe Gottes bis zum Tod am Kreuz aktualisiert, vergegenwärtigt. Das Kreuz aber symbolisiert den Schmerz Gottes über die Schmerzen seiner Geschöpfe. So wird die Mahlfeier auch zum Ausdruck unseres Schmerzes über die Schmerzen aller Kreatur. Wir sagen gewissermaßen nicht nur: »Ach wie schlimm«, dass es so viel Leiden und Not gibt, sondern feiern das Heilige Mahl und nehmen so teil am Leiden Gottes über die Leiden der Welt. Zugleich aber nimmt das Heilige Mahl das künftige Freudenmahl vorweg und vergegenwärtigt es in unserer Zeit. Gott wird ein Leben ohne Leid in seinem Reich durchsetzen ohne Trauer, Tränen und Not. Und so, wie wir mit der Eucharistie das künftige Freudenmahl (Mk 14,25) vorwegnehmen, so ereignet sich das Reich Gottes in unserem Leben, wo Menschen Momente des Glücks, erfüllten Lebens über lang oder kurz erfahren, erleben können. Wo sie sagen können: »Es ist eine Lust zu leben.« Das Bemühen, Menschen diese Erfahrung möglich zu machen – auch das ist Diakonie.

Und das Bemühen, dass sie ausrufen können »Herr *mein* Gott, es ist eine Lust zu leben« ist Diakonie und Verkündigung.

Im Johannes-Evangelium wird die Sendung Jesu mit den Worten beschrieben: »*Ich bin gekommen, damit sie das Leben und volle Genüge haben sollen.*« (Joh 10,10) Darum geht es und darin sind wir als Christen und Christinnen eingeschlossen und beteiligt. Gottes Geschöpfe sollen die Fülle des Lebens erfahren und haben können. Im Matthäusevangelium wird das Gleiche mit anderen Worten beschrieben: Der so genannte Taufbefehl des Auferstandenen (Mt 28,18–20) fordert auf, alle Völker zu Jüngern zu machen. Jünger-Sein bedeutet aber, das Reich Gottes zu verkünden und zu heilen (Mt 10,7 und 8). Es geht um das, was auch das Handeln Jesu ausgemacht hat: »*… und predigte das Evangelium von dem Reich und heilte alle Krankheiten und alle Gebrechen im Volk*« (Mt 4,23).

»*Der Friede des Herrn sei mit euch*«, heißt es in der eucharistischen Liturgie. Gottes Friede ist aber viel mehr und z. T. auch etwas anderes, als wir landläufig unter »Friede« verstehen. Es meint nicht nur eine »innere Seelenruhe«, ein Fehlen von Krieg oder die Friedhofsruhe des Todes und ungelebten Lebens. Es meint den eschatologischen Shalom der Gottesherrschaft am Ende der Zeit: ein umfassendes Heilsein, Ganzsein in allen Lebensbezügen, mit sich, den Mitmenschen, der Schöpfung, mit Gott. Dem Shalom Gottes in dieser Welt eine vorläufige und immer wieder vorübergehende Herberge, eben Raum zu geben, den Friedensgruß aus der Liturgie in alle Bezüge des Lebens hinauszutragen, weiterzugeben erfordert Taten und Verhalten.

## DAS VERHÄLTNIS ZWISCHEN TAUFE UND ABENDMAHL – DIAKONISCH BETRACHTET

Das Abendmahl wurde bisher in zweifacher Hinsicht als Schnittstelle erkannt und dargestellt: als Schnittstelle zwischen den gemeindlichen Dimensionen und als Schnittstelle zwischen Vergangenheit, Gegenwart und Zukunft. Es ist es noch in einer dritten Hinsicht: als Schnittstelle zwischen Individualität und Sozialität. Kann das Abendmahl als Symbol der universalen Gemeinschaftssuche Gottes mit den Menschen verstanden werden, stellvertretend und partikular realisiert in der Gemeinschaft mit den Gläubigen, so kann die Taufe, Gottes bedingungsloses Ja zum Einzelnen, als Symbol seiner universalen Zuwendung zum Individuum verstanden werden. Die Taufe eröffnet den Zugang zur gemeinschaftlichen Mahlfeier. Taufe und Abendmahl verhalten sich komplementär zueinander. Das bedeutet für Diakonie: Es geht ihr sowohl um die beständige Zuwendung zum einzelnen Menschen als auch um die beständige Zuwendung zu den Menschen in ihren sozialen Bezügen. Sie »imitiert« sozusagen Gottes Handeln, wie es sich mit den Sakramenten Taufe und Abendmahl ausdrückt.

## KONSEQUENZ FÜR DIE PRAXIS: PARADIGMENWECHSEL – »MIT« STATT »FÜR«

Kirchliches Selbstverständnis und Handeln geschieht gegenwärtig unter dem Diktat des Denkmodells (Paradigma), Kirche *für andere* sein zu wollen. Kirche

für Benachteiligte,

für Fernstehende,

für geistlich und sozial Suchende,

für Notleidende,

für die Gesellschaft.

Dementsprechend hat sie eine unübersehbare Fülle von *Angeboten* im Angebot und ist frustriert, dass ihre Angebote nicht so angenommen werden wie erhofft. Die gegenwärtige Angebotsorientierung der Kirche hat etwas Anbiederndes: für jeden und jedes – ein Angebot. Man möchte gerne Profil zeigen und steht sich mit der Fixierung auf das Denkmodell, Kirche für andere sein zu wollen, selbst im Weg.

Zieht man die dargelegte theologische Basis in die Praxis, so ergibt sich ein anderes Denkmodell: *»Kirche mit anderen sein zu wollen«*. Wie kann also eine Gemeinde leben

mit den Armen,

mit den Kranken,
mit den Suchenden,
mit den Verzweifelten,
mit den Fremden,
mit den Alten,
mit den Jungen,
mit den Familien,
mit den Singles,
mit den Gleichgültigen,
mit den Einsamen,
mit den Gescheiterten,
mit den Schwierigen,
mit den Unheilbaren?

Miteinander leben heißt teilen und sich mitteilen, Freude und Leid, geben und nehmen, Zeit und Tat, Feier und Trauer, Begeisterung und Verzweiflung, Hilfe und Not, Vertrauen und Zweifel und vieles mehr. Dies zu wollen gibt allen Entwicklungsbemühungen ein anderes Vorzeichen als unter dem Paradigma »Kirche für andere«.

# 4. Ziele und Grenze diakonischen Handelns: Diese Welt ist nicht das Letzte!

Im vorhergehenden Kapitel wurde Diakonie aus dem Abendmahl begründet und darin verankert. In diesem Zusammenhang wurde bisher nur kurz der Zukunftshorizont angesprochen: Mit jedem Abendmahl wird auch die Vorwegnahme des künftigen Freudenmahles gefeiert. Dieser eschatologische[3] Horizont ist sowohl wesentlich für die Frage nach Zielen und Grenze diakonischen Handelns (therapeutische Frage) als auch für die Suche nach dem Eigentlichen (Proprium) diakonischen Handelns.

Um über Ziele und Grenze diakonischen Handelns nachdenken zu können, ist es erforderlich, sich Gedanken über Kranksein und Gesundsein zu machen. Und da zeigt sich ein für viele sicher überraschender Sachverhalt:

## ES GIBT KEIN ALLGEMEIN GÜLTIGES VERSTÄNDNIS VON GESUNDHEIT!

Ein allgemein gültiges Verständnis von Gesundsein und Kranksein gibt es nicht. Was jeweils darunter verstanden wird, hängt vom sozio-kulturellen Umfeld ab und ist zeitbedingt. Bedeutet Gesundheit Genuss- und Arbeitsfähigkeit?

Die Weltgesundheitsorganisation definiert: »Gesundheit ist der Zustand völligen körperlichen, seelischen und sozialen Wohlbefindens und nicht allein das Fehlen von Krankheiten und Gebrechen.«

Der Mediziner Felix Anschütz kritisiert diese Definition heftig. Sie ist für ihn Ausdruck des Gesundheitsanspruchs der westlichen Konsumgesellschaften.

»*Der Gesundheitsbegriff ist also von der jeweiligen gesellschaftlichen Situation abhängig und durch Sozialerwartungen ungeheuer stark beeinflusst. Der Glücks- und Gesundheitsanspruch der westlichen Welt wird zudem noch gefördert durch ein ausgesprochenes Streben nach Heil, Wahrheit, Glück,*

*Macht, Reichtum. Hier ist ein Anspruch ins Extrem gesteigert, welcher nicht mehr zu verwirklichen ist … Die Medizin hat sich diesem Anspruch weitgehend angepasst, der Chirurg durch Lifting störender Falten, der Internist durch die Tablette für alle Lebenslagen, der Zahnarzt durch Zähne bis ins hohe Alter … alle Gesundheitsdefinitionen, welche das Wohlbefinden und die erhaltene körperliche Integrität und Adaptionsfähigkeit in den Mittelpunkt stellen, müssen das Altern als Krankheit auffassen. Das ist aber nicht vertretbar.«*[4]

Der Medizingeschichtler Rothschuh stellt heraus, dass auch je nach Blickwinkel Krankheit etwas anderes bedeutet:

*»Es sind eben unterschiedliche Gesichtspunkte, unter denen der Arzt den Begriff Krankheit definiert, der Kranke seine Krankheit erlebt und die Gesellschaft mit diesem Begriff umgeht. Für den Kranken bedeutet die Krankheit in Bezug auf seine Persönlichkeit etwas Einmaliges, etwas Subjektives, das nur ihn – oder zuallererst ihn – betrifft. Andererseits jedoch ist Krankheit, gerade in unserer sozialen Gesellschaftsordnung, ein Thema der öffentlichen Gesundheitspflege, des Versicherungswesens und auch der Rechtsprechung.«*[5]

Also nochmals: Es gibt kein allgemein gültiges Verständnis von Kranksein und Gesundsein. Diese Tatsache hat eine weit reichende Konsequenz:

## VON DER NOTWENDIGKEIT EINER CHRISTLICHEN BESTIMMUNG VON GESUNDHEIT UND KRANKHEIT

Das heißt, es muss überlegt werden, was im Horizont des christlichen Glaubens Kranksein und Gesundsein in einem bestimmten sozio-kulturellen Umfeld bedeutet und beinhaltet. Damit untrennbar verbunden ist die Frage: Was ist die christliche Perspektive diakonischen Handelns und in welchem Verhältnis steht sie zur therapeutischen Perspektive einer bestimmten gesellschaftlichen Situation?

In kirchlicher Trägerschaft befindet sich eine enorme Zahl von Krankenhäusern, Sozialstationen, Beratungsstellen, sozialpädagogischen Einrichtungen u. v. m. … Dadurch ist Kirche auf das Engste verstrickt in die therapeutischen Perspektiven, Rahmenbedingungen und Vorstellungen unserer Gesellschaft. Gemacht wird, was bezahlt wird. Wer zahlt, schafft an. Durch Steuerungsmechanismen wie Pflegesätze, Versicherungsbeiträge, staatliche Zuschüsse, gesetzliche Rahmenbedingungen wird diakonisches Handeln weitgehend und zunehmend fremdbestimmt. Andererseits: Ohne diese, dem Grundsatz der Subsidiarität verpflichteten Förderungsmaßnahmen hätte kirchliche Sozialarbeit niemals diesen Umfang erreicht – für das Diakonische Werk der EKD arbeiten über 300 000 hauptberufliche Kräfte. Sie profitierte von den Möglichkeiten, die die bundesrepublikanische Gesellschaftsordnung der Freien Wohlfahrtspflege eingeräumt hat und (noch) einräumt. Aus christlicher Sicht kann eine bestimmte Leistung, eine therapeutische Maßnahme, noch so notwendig sein, wie sie will. Ob es dafür Geld gibt, ob sie gefördert oder bezuschusst wird, bestimmen andere. Der Stellenwert, den eine bestimmte Notsituation in der Gesellschaft hat, zeigt sich daran, ob und in welchem Umfang Mittel zur Behebung dieser Notsituation bereitgestellt werden.

Was ist aber mit dem Alkoholiker, bei dem keine Entziehungskur geholfen hat und für den keine Versicherung der Welt noch einen Pfennig ausgeben wird? Was ist mit den Menschen, die gemeinhin als psychisch krank oder »verrückt«, »a-normal«, »neurotisch« angesehen werden? Sollte sich nicht gerade an ihnen die grenzüberschreitende Kraft des christlichen Glaubens zeigen, in dem die konkrete christliche Ortsgemeinde einen Lebensraum bietet?

Überhaupt – was ist normal? In den Augen der Öffentlichkeit kranke Menschen sind größter geistiger und künstlerischer Leistungen fähig, sind oft mit ihrer ganzen Existenz Seismographen der Tiefenschichten und Abgründe des Lebens. Geistig Behinderte sind häufig besonders sensibel und einfühlsam und begabt zum Freuen, nicht so abgestumpft wie »Normale«, »Gesunde«. Blinde entwickeln ihre anderen Sinne in einer Weise, dass im Vergleich die Sehenden als behindert erscheinen müssen. Gehörlose verstehen Gebärden und Mundbewegungen, wo Hörende nur »Bahnhof verstehen«, wenn sie denn die rasche Abfolge der Gebärden überhaupt im Einzelnen wahrgenommen haben.

## GOTT ALS KRITERIUM FÜR KRANKHEIT UND GESUNDHEIT

Der weiteste Horizont christlichen Seins und damit auch diakonischen Handelns ist das, was als »Erlösung«, »Reich Gottes«, »Gottesherrschaft« bezeichnet wird und mit Bildern wie vom »ewigen Freudenmahl« oder dem »neuen Jerusalem« ausgemalt wird: Der Tod wird überwunden sein, es wird kein Leid, keine Tränen, keine Außenseiter, keine Krankheit mehr geben. Die Menschen werden in ungebrochener Gemeinschaft und in vollständigem Frieden mit Gott, mit sich, mit der neuen Schöpfung und in vollkommener Freiheit leben. Heil und Heilung gehören zusammen. Dieses Künftige, das Gott jenseits der Todesschwelle im neuen Sein durchsetzen wird und niemals kraft menschlicher Bemühungen sich entwickeln wird, ist in eigentümlicher Weise mit dem Jetzigen verschränkt: Nach biblischem Zeugnis beginnt das neue Sein schon jetzt, ereignet sich dort, wo Menschen Vertrauen und Zuneigung zu Gott finden können, wo der Tod in seine – wenn auch noch vorübergehenden – Schranken gewiesen wird, wo Menschen ihre guten Lebensgaben entfalten können, wo gute Gemeinschaft und Freiheit möglich sind, wo Frieden geschieht und Lachen laut wird, wo die Schöpfung bewahrt wird und ihre Freiheit behält. – Diese Verschränkung drückt sich auch in dem Augustin-Wort aus: »Mensch, lerne Tanzen, damit die Engel im Himmel etwas mit dir anzufangen wissen.«

Dies ist der christliche Horizont, in dem Gesundsein und Kranksein zu beschreiben sind! Diese Erkenntnis bliebe aber abgehoben und bedeutungslos, wenn es nicht gelingt, sie in die alltägliche, reale menschliche Lebenswirklichkeit zu übersetzen.

## VORSCHLAG FÜR EINE CHRISTLICHE DEFINITION VON GESUNDHEIT ALS ZIEL UND GRENZE DIAKONISCHEN HANDELNS

*Gesundsein bedeutet ein labiles (vorläufiges und vorübergehendes) Gleichgewicht zwischen den Lebensdimensionen Freiheit, Gemeinschaft, Frieden.* Kranksein meint dann: Dieses labile Gleichgewicht ist gestört, aus den Fugen geraten. Der Tod ist das Zerstörtsein dieses Gleichgewichts.

Hat ein Mensch körperliche oder psychische Schmerzen, ist er in seiner Freiheit eingeschränkt bzw. ihrer beraubt. Er lebt in Unfrieden mit sich, mit Gott, mit seiner Umwelt. Die Gemeinschaft, in der er lebt, ist von seinen Schmerzen mitbetroffen. Ein Teil ihrer selbst leidet Schmerzen. Seine Schmerzen sind auch ihre Schmerzen. Die Gemeinschaft, sei es nun die eines Paares, einer Familie, einer Nachbarschaft, einer Kirchengemeinde, einer Gesellschaft, ist von den Schmerzen ihres Mitglieds betroffen, belastet, erschüttert.

Ziel allen diakonischen Handelns ist es, dieses labile Gleichgewicht zwischen den Dimensionen Freiheit, Gemeinschaft und Frieden zu erreichen, orientiert am eschatologischen Idealbild, aber unter den Bedingungen dieser Weltwirklichkeit. Diese Bedingungen sind zu beschreiben als

Begrenztsein          Mehrdeutigsein

Vorläufigsein         Gebrochensein

Abgründigsein

Unter diesen unentrinnbaren Bedingungen kann niemals ein stabiler, idealer Zustand erreicht werden! Möglich sind immer nur vorübergehende Annäherungen an den eschatologischen Idealzustand des Reiches Gottes. Niemals aber kann der Mensch den vollkommenen und dauerhaften Gleichklang von Freiheit, Gemeinschaft und Frieden erzielen.

Gesundsein, Kranksein sind so gesehen keine statischen Zustände, sondern ein labiles, in ständiger Veränderung begriffenes Gleich- bzw. Ungleichgewicht.

Auf dieser Grundlage sind für diakonisches Handeln dann natürlich die Ziele ärztlichen Handelns hilfreich. Diese werden beschrieben als Vorbeugen, Retten, Heilen, Erhalten, Leiden mindern. Diesen Zielen gehen methodisch Anamnese, Diagnose und Prognose voraus.

Immer aufs Neue sind Vereinbarungen über die jeweils in einer konkreten Situation erforderlichen Prioritäten zu treffen. Was in der einen Notlage vordringlich, erforderlich und notwendig ist, kann in einer anderen Notlage das Falsche sein. Es gibt kein Schema F. Diakonische Antworten können sich überholen. Deshalb ist ständige Aufgabenkritik erforderlich.

Die solidarische Gemeinde ist Zeichen und Kritik einer Gesellschaft, die meint ohne Gott auskommen zu können! Gott ist es, der den Menschen entgegenkommt. In der Feier des Heiligen Abendmahls wird vorwegnehmend das künftige Freudenmahl unter den Bedingungen dieser Weltwirklichkeit gefeiert.

In der Sündenvergebung wird den Gläubigen ein Neuanfang möglich, der den eschatologischen Neuanfang vorwegnimmt. Mit diesen göttlichen Kraftquellen im Rücken allerdings resignieren die Gläubigen als Gemeinde niemals und lassen nicht ab von den unvollkommenen Bemühungen und Kämpfen gegen die Mächte des Todes in allen ihren Ausprägungen und Schattierungen. Wie in Brot und Wein Jesus Christus ganz gegenwärtig ist und der ganze Christus durch jede einzelne Gemeinde repräsentiert wird, leuchtet das Reich Gottes immer da auf und ist präsent, wo sich etwas von Gesundsein im christlichen Sinn ereignet – und sei es nur für einen Augenblick.

# II. SCHAUFENSTER DER MÖGLICHKEITEN: ERFAHRUNGEN, MODELLE, IDEEN

## 1. Diakonie im Einzugsgebiet des Gottesdienstes

Gottesdienst führt zusammen, führt zur Gemeinschaft. Einsamkeit und Vereinzelung ist eine kräftig sprudelnde Quelle von Leiden. Unsere Gesellschaft ist eine Segregationsgesellschaft im Gleichschritt mit der Arbeitsteilung und Spezialisierung. Die Gegenvision wäre eine integrative Gesellschaft (Jürgen Moltmann).

Eine alte blinde Frau im Rollstuhl wurde öfters zum Gottesdienst gebracht. Aber die Abendmahlsgäste hatten noch nicht gelernt, ihren Kreis so zu öffnen, dass sie von vornherein und selbstverständlich mit einbezogen wurde. Der Pfarrer unterbrach wiederholt die Austeilung und holte diese Frau in ihrem Rollstuhl in den Kreis, wenn dieser sich schon nicht von selbst zu ihr hin öffnete. Dieses Verhalten ist Ergebnis und Zeichen für die jahrhundertelange einseitig individualistische Ausrichtung des Heiligen Abendmahls, wie sie sich auch in den Spendeformeln ausdrückt: kein Wort davon, dass gerade durch die Mahlfeier Christus die Gemeinschaft der Gläubigen begründet und sichtbar vereint. Dabei gibt es viele Möglichkeiten, den Gemeinschaftscharakter der Mahlfeier sichtbar zu machen: zum Beispiel durch den persönlich zugesprochenen Friedensgruß oder wenn sich die Gläubigen vom Tisch des Herrn verabschieden und sich dabei kurz an den Händen fassen. In lutherischen Gemeinden der USA wird der urchristliche Brauch gepflegt, zu Gemeindemitgliedern, die wegen Krankheit oder Alter nicht am Gottesdienst teilnehmen können, die eucharistischen Gaben zu bringen. Ganz Ähnliches geschieht bei uns in vielen Krankenhäusern.

Als der Verfasser in seine neue Gemeinde kam, führte er in einem privaten Alten- und Pflegeheim monatliche Abendmahlsgottesdienste ein. Nach einem Jahr wollte ihn der Pflegedienstleiter sprechen: Er möchte sagen, wie sehr den BewohnerInnen die Gottesdienste gut täten. Sie seien danach viel gelöster und freundlicher im Umgang untereinander.

## 1.1. Das liturgische Repertoire – diakonisch betrachtet

Vom Heiligen Abendmahl sind wir ausgegangen. Diakonisches im Einzugsgebiet des Gottesdienstes umfasst aber noch weit mehr. Der Blick soll geschärft werden für das, was Menschen durch liturgische Vollzüge, durch das Sakrale im Ganzen gut tut, förderlich und hilfreich ist.

Im *Gottesdienst*, in den Gebetszeiten und Amtshandlungen, im Sakralraum lässt sich vieles erkennen, was psychotherapeutische Bedeutung hat und sich in der Psychotherapie wiederfindet, vom Initialschweigen am Anfang bis zum psychotherapeutischen Dreischritt Erinnern, Wiederholen, Durcharbeiten (H.-J. Thilo).

Es ist immer wieder erstaunlich, wie wichtig Menschen der *Segen* ist. *»Ohne Segen im Gottesdienst ist es für mich kein richtiger Gottesdienst«*, sagte einmal ein Gemeindemitglied.

Kinder und Jugendliche haben ein elementares Empfinden für die Bedeutung des Segens. Diese Erfahrung lässt sich bei Kindersegnungen und Segnung von KonfirmandInnen machen, aber auch z. B. bei Trauungen, Taufen oder Sterbebegleitung beobachten. Im Segen wird die Verschränkung göttlicher Transzendenz mit seiner Einlassung in unsere menschlichen Lebenslagen besonders deutlich. Segen im Gottesdienst und an den Schnittstellen des Lebens ist vertraut. Im Aufblühen befinden sich Segnungsgottesdienste und Krankensalbung. Das bayerische Gesangbuch bietet dazu anregende Gedanken und Gestaltungsvorschläge.

Die alten irischen Segensworte sprechen Menschen unserer Tage sehr an. Vermutlich, weil sie so erdhaft, weltlich konkret sind.

Kein Mensch kommt ohne Zuspruch aus. Zu viel Mangel an Zuspruch macht krank. Die höchste Form des Zuspruchs ist der Zuspruch Gottes im Segen.

Im *Gebet* bringen die Gläubigen ihre Anliegen vor Gott und hoffen auf deren Erhörung. In der Klage drücken sie ihre Hilflosigkeit am Übermaß der Not aus, in der Fürbitte erbeten sie Gottes Hilfe. Unmittelbar diakonischen Charakter haben die mannigfachen Formen gebetszentrierten Heilens: Leiden wird vor Gott gebracht mit der Bitte um Besserung. Vieles allerdings, vielleicht das meiste, zeigt seinen diakonischen Charakter nicht unmittelbar, sondern auf leisen Sohlen, tiefenpsychologisch, oft unbewusst und immer zweideutig.

Das *Zusammenkommen* und *Begleiten* im Umfeld des Todes kann z. B. als helfend, tröstend und stärkend empfunden werden, es kann aber auch als Gegenteil erfahren werden: »*Jetzt, wo er tot ist, kommen sie alle, es wäre besser gewesen, sie hätten sich zu Lebzeiten um den Verstorbenen gekümmert.*«

Die *Beichte* ist das Fest der Versöhnung und Ursprung der Seelsorge. Versöhnung ist ein Zentralbegriff für Diakonie (Th. Strohm). Versöhnung ist umfassend zu verstehen: zwischenmenschlich, gesellschaftlich, im Verhältnis zwischen Mensch und Schöpfung, psychologisch in einem selbst. Auch Krankheit kann als Unfrieden verstanden werden und Heilung als Versöhnung. Umfassende Versöhnung braucht eine umfassende Quelle, aus der heraus sie ermöglicht wird: Das ist die Beichte als Ereignis und Aktualisierung der Versöhnung.

Aus der Beichte hat sich die *Seelsorge* entwickelt.

Seelsorge ist ja in erster Linie Zuhören, damit ausgesprochen werden kann, was sonst nicht ausgesprochen wird, bzw. dass immer wieder ausgesprochen werden kann, wo sonst niemand mehr zuhört. Jede und jeder weiß, wie gut es tut, sich bei jemandem aussprechen zu können. Allein dies setzt »heilende Kräfte« frei. Seelsorge sollte sich aus diakonischer Sicht allerdings nicht nur am einmaligen Einzelgespräch orientieren, sondern auch die seelsorgerliche Langzeitbegleitung in Blick nehmen,

z. B. für den untherapierbaren Trinker, für psychisch Kranke, für labile und belastete Menschen, aber auch für das langjährige engagierte Gemeindemitglied. Schließlich auch: Gemeinde hat Verantwortung für die, die unter religiösen Neurosen leiden. Glaube kann auch krank machen. Es ist ein Armutszeugnis, wenn die einzige Antwort darauf der Verweis an die Psychotherapie ist. Christliche Sorgfaltspflicht für den einzelnen Menschen hat ihre Wurzeln in der Taufe, und die christliche Sozialität hat ihre Wurzeln im Heiligen Abendmahl. Beide Pole, die ja in einem Spannungsverhältnis zu einander stehen, werden versöhnt und verbunden durch die Beichte und ihren Vorhof, das Schuldbekenntnis.

Das *Kirchenjahr* gewinnt zunehmend an Bedeutung, weil das gottesdienstliche Teilnahmeverhalten immer weniger vom Wochenrhythmus geprägt ist, sondern, wenn überhaupt, von den Hauptstationen im Kirchenjahr. Das ganze Leben und unsere Zeiterfahrung sind linear, pfeilhaft ausgerichtet. Diese Zeiterfahrung sagt: Alles ist vergänglich. Das immer wiederkehrende, zyklisch verlaufende Kirchenjahr ermöglicht eine ganz andere Erfahrung: die der Beständigkeit. Das Kirchenjahr lässt uns den Atem der Ewigkeit spüren.

Es vergewissert uns der Beständigkeit Gottes, in der menschliche Vergänglichkeit aufgehoben ist. Deshalb kann auch vom »*heilenden Kirchenjahr*« gesprochen werden (Anselm Grün / Michael Reepen).

*Kirchenräume* tun gut – vor allem, wenn sie offen sind. Selbst unkirchliche Menschen suchen gerne Kirchen auf, schätzen Kirchenmusik und Glockenläuten. Sie gewinnen Abstand vom Alltag, finden zu sich selbst, bekommen neue Kraft. Eine gastfreundliche Gemeinde braucht auch offene Kirchenräume. Diakonie kann dadurch sehr elementar werden: Als nach vielen Überlegungen die Kirche einer Gemeinde in einer ersten Probephase unter Aufsicht offen gehalten wurde, kam auch ein Nichtsesshafter, setzte sich, blieb lange und kam immer wieder. Dann kam er auch zu den Gottesdiensten. Es entstand Kontakt zu Gemeindemitgliedern. Man besorgte für ihn einen Platz für betreutes Wohnen. Der Kontakt aber riss nicht ab. Er wurde von Gemeindegliedern zum Essen eingeladen, er wurde besucht. Es stellte sich heraus, dass er todkrank war. Als er starb, wurde seine Beerdigung zu einer wirklichen, nicht nur eine so genannte »Sozialleiche«, wo außer Pfarrer, Kreuzträger und Friedhofspersonal niemand dabei ist. Die Gemeindeglieder, die sich seiner angenommen hatten, kamen mit Blumen und Gebinde. Ein anderes Mal kam eine verwirrte Frau, wusste nicht, wohin sie gehörte, woher sie kam, aber die offene Kirche bot ihr einen bergenden, vertrauten Raum im Meer ihrer Orientierungslosigkeit.

In vielen *Predigten* kommen diakonische Themen zur Sprache (bisweilen zu oft und zu oberflächlich). Häufig dienen *Kollekten* diakonischen Aufgaben. Sie sind konkretes Helfen im liturgischen Vollzug.

In den *Abkündigungen* wird auf Aktionen und Sammlungen hingewiesen. All das ist Zeichen für die Verschränkung von Gottesdienst als Liturgie und Gottesdienst als verantwortliches Leben (Römerbrief Kap. 12: Das sei euer vernünftiger Gottesdienst).

Es lohnt sich auch nach Gestaltungsformen zu suchen, wie *diakonisch engagierte MitarbeiterInnen*, sei es beruflich oder ehrenamtlich, in Gottesdienste integriert werden können, z. B. durch gottesdienstliche Einführung und Verabschiedung, durch Mitwirkung bei Abendmahl und Fürbitten, durch gemeinsam gestaltete Gottesdienste etwa im Rahmen der Gebets- und Opferwochen der Diakonie.

Noch weitergehend sind *partnerschaftliche Gottesdienste*, z. B. mit Patienten der Diakonie-Sozial-Station, von Hörenden und Gehörlosen, mit Strafgefangenen oder mit geistig Behinderten.

Die gottesdienstliche *Gemeinschaft* ist eine andere Art Gemeinschaft als die eines geselligen Zusammenseins. Aber es ist wichtig, dass die sakrale Gemeinschaft eingebettet ist in die profane: Der Gottesdienst sollte deshalb in ein »Kirchencafé«, einen »Gemeindefrühschoppen« oder wie auch immer münden können. Der alte Brauch, nach dem Gottesdienst in das Wirtshaus zu gehen, hat tiefere Wurzeln und mehr mit Gottesdienst zu tun, als es scheinen mag.

## 1.2. Brauchen wir ganz neue Liturgien?

Die traditionellen Liturgien sind häufig von einer hierarchischen Feierlichkeit geprägt. Sollte es nicht Ziel sein, zu fröhlichen, offenen, angemessenen und feierlichen Liturgien zu kommen? Brauchen wir nicht auch ganz neue Liturgien, um heutige Lebenssituationen zum Ausdruck bringen zu können, etwa für den Übergang vom Berufsleben in den Ruhestand oder im Blick auf die Schöpfung?

*»Gott loben mit Herzen, Mund und Sinnen«*, heißt es in einem alten Choral. Glaube ist nicht nur eine Sache des Kopfes, sondern auch des Leibes und der Seele. Diese Erkenntnis ist heute allgemein anerkannt. Trotzdem, wie kümmerlich und unbeholfen ist oft die praktische Umsetzung dieser Erkenntnis.

Glaube kommuniziert überwiegend akustisch. Es ist aber nicht einsehbar, dass die anderen Sinne weniger geeignet und angemessen sind, um Glauben Ausdruck und Gestalt zu geben. Den Glauben auch mit Leib und Seele, mit Gebärden und Tanz auszudrücken würde z. B. Hörende und Gehörlose in tiefer Weise miteinander verbinden.

## 1.3. Von der Zugänglichkeit der Gemeinderäume

Jeder Gemeinde sollte es Anliegen sein, behinderten Menschen einen möglichst selbständigen und selbstverständlichen Zugang zum Kirchenraum und seinem Vorhof, den weiteren Gemeinderäumen, zu ermöglichen. Für die bauliche Seite gibt es die sehr hilfreiche Planungsnorm DIN 18025[6]. Diese gibt sehr praktische Hinweise für die Raumgestaltung im Blick auf folgende Personengruppen:

| | |
|---|---|
| Blinde und Sehbehinderte | Menschen mit sonstigen |
| Gehörlose und | Behinderungen |
| Hörgeschädigte | Kinder |
| ältere Menschen | klein- und großwüchsige |
| Gehbehinderte | Menschen |

Gemeinderäume brauchen keineswegs alle Kriterien dieser Norm zu erfüllen, da in ihnen nicht gewohnt wird.

Aber worauf sollte geachtet werden? Wenn darauf relativ ausführlich eingegangen wird, dann auch um zu verdeutlichen, wie vielen Hindernissen, Einschränkungen, Gefahrenquellen behinderte Menschen ausgesetzt sind.

## Planungsanforderungen bei Sehbehinderung und Blindheit sind

- Räume hell, nichtblendend und schattenlos ausleuchten
- Gefahrenquellen (z. B. Stufen und Kanten) und Orientierungshilfen (Schilder, Schalter, Griffe) durch kontrastreiche Farben kenntlich machen
- Ganzglastüren aus bruchsicherem Glas
- Orientierungsmöglichkeiten mit taktilen Elementen schaffen (z. B. Materialunterschiede des Fußbodens)
- ausgeglichene akustische Raumbedingungen schaffen
- akustische Signale
- Hörschleifen

## Bei Hörbehinderung und Gehörlosigkeit

- ausgeglichene raumakustische Bedingungen schaffen
- schallmindernde Maßnahmen gegen erhöhten Lärm von außen vorsehen
- Räume hell, nichtblendend und schattenlos ausleuchten, um das Ablesen von den Lippen zu erleichtern

## Für Menschen im Rollstuhl

Wer drei goldene Zahlen berücksichtigt, hat schon sehr viel für Menschen in Rollstühlen getan:

- 150 cm ist die Zahl, um für Rollstühle ausreichend Bewegungsfläche zu bieten. Das gilt für Wege und Flure, bei KFZ-Stellplätzen, vor Müllsammelbehältern, Fahrstühlen, in Küche, Bad und WC, vor Schränken u. a.

- 90 cm lichte Breite werden für Türen benötigt.

- 85 cm ist die ideale Greifhöhe für Türklinken, Lichtschalter u. Ä. Diese Höhe ermöglicht gehbehinderten Personen die Bedienung, ohne ihre Gehhilfen anheben zu müssen, ebenso wie RollstuhlfahrerInnen.

## Von Türen, Rampen und Treppen

In der religiösen Sprache kommt der Tür ein besonderer Symbolgehalt zu. Von der Tür zum Leben, von offenen und geschlossenen Türen bis zu Türen in die Freiheit. Damit das nicht nur schöne Worte sind, sollten die Türen in gemeindlichen Räumen auch für Behinderte Verbindungsmöglichkeiten sein und nicht Hindernisse. Die lichte Breite von 90 cm als Mindestmaß wurde schon genannt. Schwellen sollten grundsätzlich vermieden werden, jedenfalls nicht höher als 2 cm sein. Große Glastüren müssen kontrastreich gekennzeichnet und bruchsicher sein. Sanitärraumtüren dürfen nicht nach innen schlagen, müssen abschließbar und notfalls von außen zu öffnen sein. Eingangs-, Brandschutz- und Garagentüren sollten manuell wie elektrisch zu öffnen sein. Die Steigung einer Rampe darf nicht mehr als sechs Prozent betragen. Bei Rampen über sechs Meter Länge ist ein Zwischenpodest vorzusehen.

Sie benötigen beidseitig Radabweiser von 10 cm Höhe, Handläufe in 85 cm Höhe und sie dürfen kein Quergefälle haben. Wendeltreppen sind zwar hübsch, aber nicht behindertenfreundlich. Handläufe sollten beidseitig angebracht sein und 30 cm am Anfang und Ende einer Treppe herausragen. Dazu kommen taktile Orientierungshilfen.

## Von Bodenbelägen, Küchen und Sanitärräumen

Bodenbeläge dürfen sich nicht elektrostatisch aufladen und müssen rutschhemmend sein. In Frage kommen Materialien wie z. B. Linoleum, Holz, Kunststein- und Natursteinplatten. Um ein selbstverständliches Praktizieren von Gemeinschaft zwischen Behinderten und Nichtbehinderten zu ermöglichen, sollten Küchen in Gemeinderäumen auch für behinderte Menschen benutzbar sein. Es sollte behindertengerechte Sanitärräume geben.

## 1.4. Holen, Begleiten und Bringen

Zu Diakonie im Einzugsgebiet des Gottesdienstes gehört die Ermöglichung der Teilnahme und Teilhabe an Gottesdiensten und Gemeindeveranstaltungen. Das beginnt beim Bringen der eucharistischen Gaben und von Audio- oder Videoaufnahmen von Gottesdiensten zu Menschen, die nicht teilnehmen können. Es geht weiter mit informellen Absprachen zwischen Gemeindemitgliedern, jemanden abzuholen, mitzunehmen oder heimzubegleiten, und kann münden in einen organisierten ehren-amtlichen Fahrdienst. Dabei sind dann allerdings vorher versicherungs-rechtliche Fragen zu klären, gerade wenn dafür private PKW verwendet werden.

## 1.5. Gemeindekommunität

Bei dieser Idee geht es darum, Jugendlichen und jungen Erwachsenen die Möglichkeit zu bieten, für z. B. ein Jahr in verbindlicher Gemeinschaft in der Gemeinde zu leben. Diese Altersstufe hat ja eine große Bereitschaft, neue Lebensformen kennen zu lernen. Auf Gemeindeebene aber finden sie das bisher nicht. Sie würden also in einer geistlichen Wohn-gemeinschaft leben und am besten öffentlich in der Kirche Gebetszeiten feiern. Sie würden in der Gemeinde mitarbeiten, gerade auch in dia-konischen Handlungsfeldern. Einige von ihnen könnten im Rahmen des Diakonischen Jahres in der Gemeinde arbeiten, andere gingen zur Arbeit, zur Schule, zur Universität oder sind Zivildienstleistende. Die Feier der Gebetszeiten wäre eine geistliche Bereicherung für die Gemeinde. An den Kristallisationspunkt Gemeindekommunität würden sich sicher auch externe Jugendliche aus der Gemeinde hängen. Alle zusammen könnten geistlich und sozial vertiefte Erfahrungen machen. Voraussetzung ist natürlich eine geeignete Wohnung, möglichst in unmittelbarer Nähe zur Gemeindekirche. Es bräuchte einen Spiritual oder eine Spiritualin als Begleitung.

## 1.6. Gemeindliche Sterbekultur

Das Thema Sterben gehört zu den großen Tabus unserer Gesellschaft. Entsprechend groß ist die Hilf- und Sprachlosigkeit. Vor einigen Jahren wurde ich zu einer Sterbenden ins Heim gerufen. Die Angehörigen waren z. T. von weit her gekommen. Sie wussten aber nicht, wie sie sich ver-halten sollten. Erst als ich die Sterbende streichelte und ihre Hand hielt, trauten sich die Angehörigen, es auch zu tun. Ein anderes Beispiel: In einer Familie war die Großmutter gestorben. Die Familie stammte vom Land, wusste, dass es das schöne Ritual der Aussegnung gibt. Sie trauten sich aber nicht, den Pfarrer dazu zu rufen, weil sie dachten, in der Großstadt gäbe es das nicht. In den Städten gibt es eine große Verarmung an »Umgangsformen« mit dem Sterben.

## GEMEINDLICHE RESSOURCEN FÜR STERBEKULTUR

Gemeinde verfügt über ein breites Spektrum an Ressourcen für eine Sterbekultur, die sich drei Bereichen zuordnen lassen: Sterbebegleitung, Rituale, Trauerarbeit. Sie sind Ausgangspunkt der Entwicklung einer Sterbekultur, deren Träger Angehörige, Pflegekräfte, SeelsorgerInnen und die sterbende Person selbst sind. Sterbebegleitung wird durch Angehörige, Pflegekräfte und SeelsorgerInnen geleistet: Dabeisein, Zuhören, Schweigen, Berühren, Aussprechen, Danken, Vergeben, Beten, Lindern usw. Von großer Bedeutung ist nach dem Tod das Trauergespräch der Angehörigen mit dem Seelsorger, der Seelsorgerin. Alle Beteiligten können in der Sterbebegleitung ihren eigenen Akzent setzen.

Eine große, auch tiefenpsychologisch bedeutende Hilfe sind die Rituale: Sie fangen an mit der atmosphärischen Gestaltung des Sterbezimmers: Kerzen, Kreuz, Blumen. Sie gehen weiter über Beichte, Abendmahl, Salbung, Valetsegen (Abschiedssegen) hin zur Aussegnung, der Beerdigung selbst mit Ansprache, Gebeten, Liedern, Segen und so schönen Bräuchen wie KreuzträgerIn, Abdankung durch die Angehörigen und Tränenbrot. Beim Urnengang besteht die Möglichkeit, den Pfarrer, die Pfarrerin nochmals um Begleitung zu bitten. Der Prozess des Trauerns ist ein langer Weg. Er kann durch Nachbesuche der Geistlichen unterstützt werden oder durch Trauergesprächsgruppen. Zur Trauernachsorge gehören auch die Formen des gemeindlichen Gedenkens wie Verlesung der Verstorbenen am Ewigkeitssonntag oder Auferstehungsfeiern am Friedhof. Zu den Ressourcen zählt auch das neue Gesangbuch mit seinen sehr guten und hilfreichen Ausführungen und Gestaltungshilfen.

## ENTWICKLUNG EINER STERBEKULTUR

Möglichkeiten zur Entwicklung einer Sterbekultur sind im *pädagogischen und erwachsenenbildnerischen* Bereich:

- Das Thema mit KonfirmandInnen, Jugendlichen bearbeiten.
- Es zum Thema für Gemeindeveranstaltungen machen.
- In jedem Hauskrankenpflege-Kurs ist ein Abend dafür vorgesehen.
- Eigene Sterbebegleitungs-Kurse durchführen.
- Die Möglichkeiten der Sterbebegleitung und ihrer Rituale bekannt machen.

Im *organisatorischen* Bereich:

- Durch schnelle Erreichbarkeit und Absprachen es ermöglichen, zu Sterbenden und zur Aussegnung als PfarrerIn gerufen zu werden.
- Kommunikationsformen des Kontaktes entwickeln zwischen Pflegekräften und Geistlichen.
- Für Pflegekräfte, Angehörige, Interessierte und Geistliche eine Weiterbildung in Sterbebegleitung durchführen.
- Aus dieser könnte sich ein gemeindliches Team für Sterbebegleitung entwickeln.
- Es könnten Gesprächsgruppen für Trauernde angeregt werden (eventuell in Kooperation mit anderen Gemeinden). Hospiz-Teams z. B. bieten solche Gruppen an, die über mehrere Abende gehen und Themen haben wie: Kein Raum zum Trauern – ich weiß nicht, wohin; Gemeinsame Zeit – ich erinnere mich; Doch wie's drinnen aussieht – ich fühle

mich traurig, zornig, schuldig; Trauern, wie geht das? – Ich bin nicht allein; Warum, wieso, weshalb? – Ich sehe keinen Sinn; Trauern ohne Ende? – Ich lebe weiter; Nachgespräch.

Mit Liebe und Sorgfalt gemeindliche Rituale des Gedenkens pflegen.

# 2. Diakonie im Einzugsgebiet des Pfarramtes

Das Pfarramt ist Anlauf- und Schnittstelle mit hohem kommunikativen Potential zwischen Organen und Handlungsfeldern der Gemeinde, zwischen Ehren- und Hauptamtlichen, gemeindenahen und -fernen Menschen, zwischen Hilfesuchenden und Hilfebietenden. Das Pfarramt ist das organisatorische Herz der Gemeinde. Jedes Pfarramt ist schon jetzt eine wichtige, wenngleich unter diesem Gesichtspunkt unbeachtete diakonische Instanz. Das gilt innergemeindlich und im Blick auf ihren Ort bzw. Stadtteil. Das trifft aber auch zu im Blick auf diakonische Einrichtungen, ökumenische Diakonie und diakonische Sammlungen. Auch für diese sind die Pfarrämter ganz wesentliche Anlauf- und Schnittstellen, um auf sich und Notsituationen aufmerksam zu machen und Unterstützung durch die Gemeindemitglieder zu bekommen.

## 2.1. Anlaufstelle Pfarramt: Wo bekomme ich Hilfe? Allgemeine Sozialberatung

Für den Einzelnen gibt es ein unüberschaubares Netz möglicher Hilfen in unserer Gesellschaft. Oft sind gerade die damit überfordert, die diese Hilfen benötigen. Ausgehend von dem Grundgedanken, eine Kirchengemeinde zur ersten diakonischen Instanz zu entwickeln, ist folgende Idee entstanden:

Personen aus der Gemeinde zu befähigen, dass sie in der Lage sind, zu beraten und weiterzuhelfen, wenn es um Hilfen für bestimmte Notsituationen geht. In Verbindung damit helfen sie auch beim Ausfüllen von Anträgen, Behördengängen u. Ä.

Ort dieser allgemeinen Sozialberatung könnte die Diakoniestation oder das Pfarramt sein. Der Dienst ist primär ehrenamtlich gedacht. Um so eine gemeindediakonische Beratungsstelle auf den Weg zu bringen, ist allerdings Vorarbeit nötig:

- Mitarbeitende
- Räume
- Erfassen möglicher Hilfen (z. T. gibt es auf Stadt- oder Kreisebene sog. Sozialatlanten, die dafür eine große Hilfe sind)
- Mitarbeitende befähigen hinsichtlich: Führen eines Beratungsgesprächs, Kenntnisse der möglichen Hilfen, Kenntnisse, um Anträge ausfüllen zu können und bei Behördengängen begleiten zu können, Verpflichtung zur Verschwiegenheit
- Klärung der Organisationsstruktur
- Klärung der finanziellen Seite
- persönliche und fachliche Begleitung der Mitarbeitenden

Als kleine Variante kommt in Betracht, aktuelle Informationen über Hilfemöglichkeiten im Pfarramt verfügbar zu haben, so dass PfarrerIn und Sekretärin rasch darauf zurückgreifen können.

## 2.2. »Für Bedürftige in der eigenen Gemeinde«: Gemeindehilfsfonds

»Für Bedürftige in der eigenen Gemeinde«, lautet die sperrige Bezeichnung für einen Posten in der Gabenkasse, der bisher schon nicht der Kameralistik unterlag. Sein Betrag kann in das neue Haushaltsjahr übernommen werden. Dieser Posten führt meistens ein gewisses Schattendasein, die Unterstützung für Tippelbrüder wird daraus bestritten und andere Kleinigkeiten. Dies ist der Ausgangspunkt für die Idee eines Gemeindehilfsfonds. Die Zunahme sozialer Not erfordert eine solidarische Antwort der Gemeinde.

Denn die soziale Not nimmt zu. Das ist auch in Gemeinden spürbar, die ein mittelständiges Sozialprofil haben.

Gerade deshalb ist es wichtig, einen Hilfsfonds aufzubauen, der Zeichen der Solidarität für bedürftige Gemeindemitglieder setzen kann. Natürlich wird er niemals die Sozialhilfe ersetzen können. Neben denen, die offen am Pfarramt anklopfen und um Hilfe nachsuchen, gibt es auch die nicht wenigen, die in der Diakoniegeschichte als »verschämte Arme« bezeichnet worden sind: Ihnen wird man am ehesten durch Besuche begegnen. Sie würden nicht wagen, um Hilfe nachzusuchen, obwohl sie diese gerade notwendig hätten: etwa eine alte Siebenbürgerin, die zeitlebens in einer Kolchose hart gearbeitet hat, nur eine minimale Rente bekommt und, da sie mit den Gesetzmäßigkeiten unseres Sozialsystem-Dickichts überfordert war, nach dem Tod ihres Mannes auch noch etliche Tausend DM zurückzahlen musste. Ihre Gemeinde half mit 500 DM weiter. Ein weiteres Aufgabengebiet für den Gemeindehilfsfonds ist die Übernahme von Veranstaltungskosten für Freizeiten u. Ä. für Personen, für die dieser Betrag eine zu große Belastung wäre, die aber doch gerne dabei wären. Hier würde eine interne Umbuchung erfolgen: beim Gemeindehilfsfonds als Ausgabe und z. B. beim Konfirmandenetat als Einnahme.

## GEZIELTER AUFBAU EINES GEMEINDEHILFSFONDS

Um den Gemeindehilfsfonds zu einem wirkungsvollen diakonischen Element zu machen, ist der Posten »Bedürftige aus der eigenen Gemeinde« aus seinem Schattendasein herauszuführen, gezielt aufzubauen und rentabel anzulegen. Auf keinen Fall, auch wenn es sich nur um kleine Beträge handeln sollte, dürfen die Zinsen für den Hilfsfonds untergehen. Sie sind unbedingt dem Hilfsfonds zuzuschreiben. Ab einem bestimmten Betrag ist nach den Regeln für die Führung der Gabenkasse sowieso zumindest ein Sparbuch anzulegen. Aber bei etwas Phantasie lässt sich auch noch mehr daraus machen, etwa durch die Koppelung an einen größeren Betrag mit höherem Zinsertrag. Eine Kollekte im Jahr sollte für diese Aufgabe reserviert werden. Neben Einzelgaben könnte der Hilfsfonds durch gezielte Aktionen gestärkt werden: Die mögliche Palette reicht von Basarerträgen über Spendenaufruf (mit Überweisungsträger) im Gemeindeboten bis zu einer »Kirchweih-Spende«. Werden Personen mit größeren

Beträgen als den bisher üblichen unterstützt, so ist unbedingt eine Aktennotiz anzufertigen, da es sonst Probleme bei der Überprüfung der Gabenkasse geben kann. Der anzustrebende Idealfall wäre, den Fonds zu einer Art Stiftung auszubauen: Gearbeitet würde dann mit den Zinserträgen. Sollte es in der Gemeinde ein entwickeltes Leitungsgremium für Diakonie geben, so wäre dieses ein guter Ort, über die Vergabe von Hilfen zu entscheiden, wenn sie über eine gewisse Höhe hinausgehen.

## 2.3. Nachbarschaftshilfe / Diakonische Dienstgemeinschaft

Organisierte Nachbarschaftshilfe ist ein wichtiger Baustein im umfassenden Hilfeverbund einer Gemeinde. Sie ist primär ehrenamtlich orientiert. Sie ergänzt die professionellen Hilfeleistungen von Diakoniestationen oder anderen Einrichtungen.

Ihre Bedeutung wird in den nächsten Jahren wachsen durch die Zunahme von allein lebenden Menschen, den für viele schwer durchschaubaren Sozialdschungel und die restriktive Handhabung z. B. bei Leistungen durch die Pflegeversicherung. Umfragen zeigen, dass gerade für die Hilfen, die eine organisierte Nachbarschaftshilfe geben kann, wachsender Bedarf besteht.

### KATALOG MÖGLICHER HILFELEISTUNGEN

Zum »Katalog« der Hilfeleistungen können zählen:

- Besuche
- Fahrdienste (z. B. zum Gottesdienst oder Veranstaltungen)
- handwerkliche Hilfen
- allgemeine Sozialberatung
- Hilfe bei Behördengängen oder Arztbesuchen
- Hilfe beim Ausfüllen von Formularen
- Erledigung von Schreibarbeiten

- Besorgung von Heimplätzen und Hilfe beim Umzug
- Vermittlung von professionellen Hilfen
- Einkaufshilfen
- finanzielle Unterstützungen
- Sterbebegleitung
- mit jemandem spazieren gehen o. Ä.
- Übernahme von Betreuungen nach dem Betreuungsgesetz
- Familienhilfe
- Streit schlichten
- Nachhilfeunterricht und Hausaufgabenbetreuung
- Babysitten

## DIE LEITERIN EINER NACHBARSCHAFTSHILFE ERZÄHLT:

»Ein Sozialkreis des Pfarrgemeinderats gründete 1978 die ›Nachbarschaftshilfe Allerheiligen‹, eine Gruppe von 10 bis 15 Mitarbeitern – ein 3er-Team stand ihr damals vor. Man wollte da sein für Menschen in Not, leiblicher oder seelischer Art, für Junge und Alte, Arme und Reiche, Deutsche und Ausländer, auch über die Grenzen der Pfarrei oder der Konfession hinaus. Kein Wunder, dass heute auch Muslime zu unserer Klientel gehören! Manche der Helfer sind seit der ersten Stunde dabei, andere sind inzwischen selber alt oder krank geworden. Gottlob stoßen immer wieder neue dazu – auch Männer, deren handwerkliches Knowhow, deren Chauffeur-Dienste sehr begehrt sind. Es gibt auch Alte oder Behinderte, die glücklich sind, wenn sie gelegentlich zum Gottesdienst gebracht werden. Gewiss: Wir haben keine Strukturen verändert, haben z. B. nichts tun können gegen die schlimme Not der Arbeitslosigkeit – aber immer wieder haben wir Menschen Hoffnung geben können:

entweder haben wir selber geholfen oder aber professionelle Hilfen vermittelt. Wichtig war dabei eine gute Zusammenarbeit mit staatlichen städtischen und kirchlichen Stellen, z. B. Sozialamt, Allgemeiner Sozialdienst, Beratungsstellen. Viele der dortigen Mitarbeiter sind uns inzwischen persönlich bekannt. Sehr hilfreich hat sich der Stadtteilarbeitskreis erwiesen. Da und dort haben wir auch bei finanziellen Problemen helfen können. Die Armut nimmt zu in den letzten Jahren, auch in einer Pfarrei wie Allerheiligen, wo viele Wohlhabende leben. Wir haben – in Zusammenarbeit mit den Sozialstationen – Kranke bis zum Tod begleitet, haben einsame alte oder behinderte Menschen besucht – auch solche, die sich mit dem Leben schwer tun. Wir haben für sie eingekauft, sind mit ihnen spazieren gegangen, haben sie zum Arzt oder zu Behörden gebracht, für sie Schreibarbeiten erledigt. Wenn nötig, haben wir einen Altenheimplatz gesucht, den Umzug dorthin organisiert, uns dann auch dort um sie gekümmert. – Auch wenn jemand in eine Klinik musste, besonders wichtig, wo einer völlig allein ist – das gibt es jetzt immer häufiger! Ärzte waren dann sehr dankbar, wenn wir als Ansprechpartner fungierten! Dreimal wurde eine offizielle Betreuung von Mitgliedern unserer Gruppe übernommen. Einige Einzelfälle: Eine Mutter musste zur Entbindung ins Krankenhaus; wir haben die kleinen Geschwister versorgt. Schulkinder wurden in unsere Familien übernommen, solange die Mutter krank war. Immer wieder wurden Berge von Wäsche gewaschen, geflickt und gebügelt. Ein schwerbehinderter Mann käme ohne eine solche Hilfe mit seiner kleinen Rente überhaupt nicht zurecht. Gefreut hat uns auch, wenn es uns gelang, Streit zu schlichten, oder wenn gar eine Anzeige zurückgezogen wurde o. Ä. Auch Formulare werden offensichtlich immer mehr und immer komplizierter. Wenn wir sie ausfüllen, ist das für alte Menschen oder für Ausländer ein unschätzbarer Dienst!

Wo bei Kindern – etwa nach längerer Krankheit – schulische Probleme auftauchten, gaben wir Nachhilfeunterricht. Auch Babysitterdienst für einzelne Stunden haben wir angeboten. Sicher war unsere Hilfe nicht immer fachkundig. Ein großer Vorteil aber: Wir waren auch am Wochenende erreichbar, wenn offizielle Hilfsstellen keine Dienststunden haben!

Unsere Telefonnummern sind zwischenzeitlich in der Gegend bekannt. Und täglich merken wir mehr, wie notwendig ehrenamtliche Dienste sind in unserer schwierigen Zeit und wie wichtig es ist, die Not der Menschen ernst zu nehmen.«

## WORAUF ES ANKOMMT
Nachbarschaftshilfe braucht *Leitung*.

Sinnvoll dafür ist ein kleines Leitungsteam. Sie kann organisatorisch unmittelbar an die Gemeinde angehängt werden oder auch z. B. an die Diakonie-Sozialstation.

*Auf jeden Fall sollte sie mit Pfarramt und Diakonie-Sozialstation und Kindergarten vernetzt sein.* Auf funktionierenden Informationsaustausch ist wert zu legen.

Für die ehrenamtlichen Kräfte sollte es einen *festen Kreis* geben mit Austausch- und Fortbildungsangeboten, mit geselligen Veranstaltungen.

Wie überhaupt die Gewährleistung von *Fortbildung* sehr wichtig ist. Einige Hilfeleistungen erfordern nach heutigem Standard grundsätzlich eine gewisse Qualifikation (z. B. Sterbebegleitung). Fortbildungsthemen könnten auch sein: Einführung in die Soziale Gesetzgebung, örtliche bzw. regionale Hilfeangebote, Seelsorgegespräch, Umgang mit Rollstuhl, Leben im Alter, psychische Krankheit, Alkoholismus, Besichtigungen von Einrichtungen, biblische und geschichtliche Orientierung, gesellschaftspolititische Themen u. v. m.

Die *ehrenamtliche Tätigkeit sollte definiert* sein im Hinblick auf Beginn und Ende, Umfang und Art. *Versicherungsrechtliche Fragen* sollten geklärt sein, z. B. wenn Privat-PKW zum Einsatz kommen. *Handwerkliche Hilfeleistungen* müssen so angelegt sein, dass sie nicht in Kollision mit Handwerksfirmen geraten.

Hilfeleistungen, für die z. B. nach der Pflegeversicherung ein *Leistungsentgelt* möglich ist, sollten nicht umsonst erbracht werden. Wie überhaupt Hilfeleistungen als Ergänzung zu professionellen Hilfen zu sehen sind, nicht als Ersatz dafür.

Es sollte darauf geachtet werden, *dass die Nachbarschaftshilfe nicht ausgenützt wird.* Sie soll ja denen zugute kommen, die sie wirklich benötigen, wo andere Hilfen nicht zur Verfügung stehen und die Hilfesuchenden nicht in der Lage sind, für die Inanspruchnahme Geld aufzuwenden. Wo dies nicht zutrifft, sollte eine Gebühr erhoben werden nach dem Motto: »Was nichts kostet, ist nichts wert.« Mit diesem Geld könnten dann Fortbildungen finanziert werden oder der gemeindliche Hilfsfonds gestärkt werden. Das *Knüpfen eines Netzwerkes zu anderen sozialen Diensten und Stellen* wird von unschätzbarem Wert sein.

## DIAKONISCHE DIENSTGEMEINSCHAFT

In manchen Gemeinden besteht die Gefahr der Verzettelung: Da gibt es einen Besuchsdienst, dort eine Rentnerbrigade, hier einen Babysitterdienst und Hausaufgabenhilfe, dort Ehrenamtliche bei der Diakonie-Sozial-Station usw. Deshalb liegt es nahe, die ehrenamtlichen diakonischen Initiativen in einer diakonischen Dienstgemeinschaft zusammenzufassen. Sie sollte eine eigene Leitungsstruktur und Verfasstheit haben, um koordiniertes Handeln, Begleitung, Austausch, Fortbildung, Geselligkeit und Nachhaltigkeit zu gewährleisten.

## 2.4. Gemeindenachbarschaften und Nachbarschaftsbeauftragte

Der Verfasser konnte in einer Gemeinde die Bildung von drei Nachbarschaften anregen, zwei ortsbezogene und eine für Gemeindemitglieder siebenbürgischer Herkunft. Letztere gelangte innerhalb kürzester Zeit zu großer Blüte mit ca. 100 eingeschriebenen Mitgliedern, einem Nachbarschaftsbeauftragten (Nachbarvater), Leitungsteam, monatlichen Treffen, eigener Fahne, Nachbarschaftstruhe, Beteiligung am Kirchweihzug, Durchführung von Bällen und anderem mehr.

## WO KOMMEN GEMEINDENACHBARSCHAFTEN IN FRAGE?

Gemeindenachbarschaften kommen für Gemeindeteile in Frage, die räumlich oder strukturell ein Eigengepräge haben. Das kann eine Hochhaussiedlung sein, ein zu einer Kirchengemeinde gehörendes Dorf oder eine abgegrenzte, eigengeprägte Siedlung. Gerade in der Großstadt haben Kirchengemeinden eine Größe, die es nicht ermöglicht, menschen- und lebensraumnah präsent zu sein. Gemeindenachbarschaften können dem entgegenwirken. Der gedankliche Ursprung von Gemeindenachbarschaften liegt im alten Siebenbürgen. Dort waren die Gemeinden in streng gegliederte Nachbarschaften unterteilt, die ganz wesentliche soziale, kulturelle und religiöse Funktionen hatten. Das in Jahrhunderten gewachsene siebenbürgische Modell von Nachbarschaften lässt sich natürlich nicht übertragen, aber die Idee von Gemeindenachbarschaften in modifizierter Form kann zu einem wichtigen Element werden, um der Vereinsamung, Entwurzelung und Entsolidarisierung der Menschen entgegenzuwirken. Auf dem Land können Nachbarschaften in Dörfern, die keine Selbständigkeit mehr haben, keine eigene Kirchengemeinde (mehr) sind, denen das Pfarrhaus ganz oder teilweise genommen wurde, dazu beitragen, die eigene dörfliche Identität zu bewahren und die früher geübte gegenseitige Solidarität wieder zu beleben.

## WORUM GEHT ES BEI EINER GEMEINDENACHBARSCHAFT?

Sie hat kommunikative, diakonische und geistliche Funktionen. Am Anfang stand eine »Vision«, mit der jeweils zu einer Gemeindeversammlung für den Gemeindeteil eingeladen wurde: »Ich stelle mir vor, es gäbe je ein kleines Team von Gemeindemitgliedern aus diesem Gemeindeteil, die Veranstaltungen geselliger Natur, Aktivitäten der Nachbarschaftshilfe und geistlicher Art organisieren, veranstalten und anbieten. Ich stelle mir vor, dass z. B. Gemeindeglieder sich zum Kegeln treffen, dass sie zu einem Sommerfest zusammenkommen. Leihomas oder -opas helfen bei jungen Familien aus, damit die Eltern auch mal abends fortgehen können. Wenn jemand neu eingezogen ist, wird er begrüßt und willkommen geheißen. Es finden sich Frauen und Männer, die bereit sind, andere Bewohner-

Innen zu besuchen, daheim oder im Krankenhaus. Es entstehen Kontakte untereinander, man lädt sich ein. Es zeigt sich, dass einige Interesse haben an einem Gesprächskreis zu Themen über Glaubens- und Lebensfragen. Es wachsen Kontakte zwischen jungen Familien, Alleinstehenden und Senioren. Wer einsam ist, soll nicht länger einsam bleiben, gemeinsame Unternehmungen finden statt, man trifft sich, man feiert miteinander. Vielleicht feiert man auch ab und zu einen Hausgottesdienst. Der Möglichkeiten und Ideen gibt es viele.«

Regelmäßige Nachbarschaftstreffen, zwanglos und offen, ermöglichen die Begegnung von Nachbarn, man kommt ins Gespräch, lernt sich kennen. Daraus erwachsen auch soziale Bezüge. Voraussetzung für diese Nachbarschaftstreffen ist, dass sich im Gemeindeteil zumindest eine Gastwirtschaft befindet, in der man zusammenkommen kann, sofern die Treffen nicht in Privathäusern stattfinden sollen.

## ERFAHRUNGEN:

In der Gemeinde gibt es mittlerweile zwei Gemeindenachbarschaften in zwei ganz unterschiedlichen Gemeindeteilen: Der eine ist eine Siedlung, die aus einer Mühle hervorgegangen ist, von der Kirchortgemeinde durch einen Fluss getrennt, direkt nur mit dem Rad oder zu Fuß zu erreichen. Mit dem Auto ist ein mehrere Kilometer langer Umweg zurückzulegen. Früher hatte dieser Ortsteil ein Eigenleben, es gab noch Bauern, eine Feuerwehr. Das alles gibt es nicht mehr. Die Alteingesessenen bedauern dies, die Neuzugezogenen kennen sich wenig untereinander oder gar nicht. Die andere Gemeindenachbarschaft bildete sich in einer Hochhaussiedlung, kommunal bereits zu einem anderen Stadtteil gehörig. Kirchliche Bindungen sind gering. Viele ältere Menschen wohnen dort und viele Singles mit hoher Fluktuation, aber auch Familien mit Kindern. Für jede Nachbarschaft fand sich ein bzw. eine Nachbarschaftsbeauftragte/r, als AnsprechpartnerIn und OrganisatorIn der Treffen. Auffällig ist, dass durch die Nachbarschaftstreffen auch kirchlich Fernstehende angesprochen werden konnten.

Erstaunlich ist, dass gerade in der Hochhaussiedlung der Pfarrer sozusagen als »Dorfpfarrer« gewünscht wird. Dem Aufruf zur Bildung einer Gemeindenachbarschaft gingen dort zwei Jahre voraus, in denen der Verfasser gezielt Besuche machte über den gemeindeüblichen Standard hinaus. Dadurch begegnete er vielen Menschen, die er sonst nie kennen gelernt hätte.

## NACHBARSCHAFTSBEAUFTRAGTE

Im ländlichen Raum werden kleine gewachsene Dorfgemeinden immer seltener einen eigenen Pfarrer oder Pfarrerin haben. Die Bedeutung des Kristallisationspunktes Pfarrhaus wird abnehmen. Nach der strukturellen Ausdünnung im Zuge der kommunalen Gebietsreform in den siebziger Jahren droht den Dörfern dadurch weiterer Substanzverlust.

Großstadtgemeinden wiederum haben in der Regel von ihrer Mitgliederzahl eine Größe, die personale Bezüge schon jetzt nur ungenügend zulassen. Da auch dort eine Reduzierung der Pfarrstellen kommen wird und die Flucht in die Regionalisierung nicht der einzige Weg sein kann, ist zu überlegen, wie der damit verbundenen weiteren Entpersonalisierung und Anonymisierung entgegengewirkt werden kann. Hier setzt die Idee von Nachbarschaftsbeauftragten an. Frauen und Männer, die aktiv die Rolle von gemeindlichen AnsprechpartnerInnen übernehmen und auf Menschen in ihrem Bezugsfeld zugehen. Sie würden Leiden und Nöte im Blick haben, sich um soziales, gemeindliches Leben und Aktivitäten kümmern. Sie müssten über eine gewisse Fortbildung verfügen, um diesen Aufgaben seelsorgerlich und organisatorisch gerecht werden zu können. Die Einbindung in Kirchenvorstand und Gottesdienst (z. B. als LektorInnen, PredikantInnen) wäre wünschenswert. Sie müssten offiziell von der Gemeinde für eine definierte Amtszeit beauftragt und gottesdienstlich eingesetzt sein. In einer entfalteten Form könnten Nachbarschaftsbeauftragte von den Gemeindemitgliedern ihres Bezugsfeldes im Rahmen einer Gemeindeversammlung gewählt werden.

## 2.5.  Jugendarbeit – diakonisch betrachtet

Offene Jugendarbeit hat die kirchliche Jugendarbeit der letzten zwei Jahrzehnte geprägt. In vielen Gemeinden hat sie die so genannte verbindliche Jugendarbeit in Form relativ fester Gruppen ganz oder weitgehend ersetzt, so dass diese zu einer Domäne verbandsgestützter Jugendarbeit z. B. durch CVJM, Pfadfinder, EC, Johanniterjugend wurde. Die geistliche Dimension gemeindlicher Jugendarbeit wurde zugunsten eines freizeitorientierten Ansatzes vernachlässigt und richtungsorientierten Gruppen und Bewegungen überlassen. Gemeindliche »Nachwuchsförderung« hatte den Beigeschmack kirchlichen, institutionellen Egoismus.

Studien, die aufzeigten, dass Jugendliche sich ungern mit einer gewissen Verbindlichkeit auf etwas einlassen, dienten als Vorwand, Bemühungen in dieser Richtung gänzlich zu unterlassen. Das Potential, das eine Gemeinde für Jugendliche bietet, um sich partizipativ und aktiv einzubringen, wurde gering geachtet.

Im Idealfall setzt sich gemeindliche Jugendarbeit aus offener Arbeit, festen Jugendgruppen im Sinne gemeindlicher und geistlicher Nachwuchsförderung und punktuellen, aktionsbezogenen Angeboten (z. B. Freizeiten) zusammen.

### OFFENE JUGENDARBEIT IST DIAKONIE

Offene Jugendarbeit gerät zunehmend unter Legitimationsdruck. Deshalb muss deutlich gesagt werden: Offene Jugendarbeit ist diakonisches Handeln. Sie holt Jugendliche vom Rumhängen auf der Straße und bietet jugendgemäße Frei- und Gestaltungsräume. Sie gibt Anregungen für sinnvolle Freizeitbeschäftigung, ermöglicht verantwortliche Partizipation, ist am Puls der Jugendlichen, kann beraten, unterstützend und helfend eingreifen. Sie ist ein Lernfeld für Konfliktbewältigung und führt Jugendliche verschiedener Nationalitäten zusammen. So wie Krankenpflege Diakonie ist, aber dieses Handeln nicht auf inneres oder äußeres Gemeindewachstum zielt, wächst durch offene Jugendarbeit keine junge Gemeinde nach, sieht man von einzelnen jugendlichen VerantwortungsträgerInnen einmal ab.

## DIAKONISCHE GEMEINDEJUGEND

Diakonische Themen und Aktionen können selbstverständlich in alle Formen der Kinder- und Jugendarbeit eingebracht werden ohne eine eigene diakonische Jugendgruppe. Glaubt man empirischen Untersuchungen, so gibt es für eine verbindliche Jugendgruppe sowieso keinen Platz mehr in der Jugendarbeit. Die Wirklichkeit aber sieht anders aus. Die Sehnsucht nach einer »Clique« ist vorhanden und die Bereitschaft, sich zu engagieren, ist durchaus gegeben. Es kommt auf das Konzept und die praktische Umsetzung an.

Ansatzpunkt für die diakonische Gemeindejugend in unserer Gemeinde waren die Konfirmandengruppen. Diese Idee sprach sowohl Gymnasiasten als auch Hauptschüler an. Um was geht es?

Diakonische Gemeindejugend versteht sich als eine Jugendgruppe der Gemeinde, die sich mit diakonischen Themen befasst und mit Aktionen und Diensten engagiert.

Der konzeptionelle Ansatz ist erlebnisorientiert und lässt sich mit vier Bereichen beschreiben: Freizeit, Inhalte – Befähigung – »Ausbildung«, Dienst und Aktion, Spiritualität. Der Bandbreite an Themen und Aktionen ist fast keine Grenze gesetzt und wird auch wesentlich von der örtlichen Situation abhängen und von der Zusammensetzung der Gruppe. Im Folgenden dafür nur einige Anregungen.

**Freizeit**

Das Bedürfnis von Jugendlichen, außerhalb der Elternhäuser zusammenzukommen, Freiräume zu haben, ist stark. Gestaltungsmöglichkeiten in diesem Bereich sind zum Beispiel:

- regelmäßige Gruppen-
  treffen
- Spiel und Spaß
- gemeinsame Mahlzeiten
- Unternehmungen
- Freizeit
- Zeltlager
- Radtouren
- Singen
- Abenteuerlager

## Inhalte – Befähigung – »Ausbildung«

- Schnupperlehren in dia-
  konischen Einrichtungen
  (z. B. Altenheim, Diako-
  niestation, Kindergarten)
- Krankenhaus
- Kundigmachen und Ver-
  ständnis gewinnen für
  alte Menschen – Begeg-
  nung der Generationen
- Rollstuhlralley
- Kennenlernen diakoni-
  scher Einrichtungen
- Kennenlernen sozialer
  Nöte vor Ort und mit
  Hilfe von Medien
- Nichtsesshafte
- Strafentlassene
- Entwicklungsdienst /
  »Eine-Welt-Arbeit«
- Einführung in die
  Gebärdensprache
- durch soziale Spiele sich
  mit bestimmten Problem-
  situationen vertraut
  machen (Brot für die
  Welt bietet dazu zahl-
  reiche Planspiele an)
- Ausländer
- Erste-Hilfe-Kurs
- Umgang mit Feuerlö-
  schern u. Ä. (Möglichkeit
  zur Zusammenarbeit mit
  der örtlichen Feuerwehr)
- Filme zu entsprechenden
  Themenfeldern
- Informieren über soziale
  Berufe, z. B. Diakon /
  Diakonin
- Begegnungen mit Men-
  schen aus der sog.
  Dritten Welt
- Diakonie-Quiz

## Dienst und Aktion

- Alte und Einsame besuchen, mit ihnen etwas spielen, mit ihnen spazieren gehen o. Ä.
- Einkaufshilfen
- gemeinsame Freizeit mit behinderten Jugendlichen
- Partnerschaft mit behinderten Jugendlichen
- ökologische Aktionen (z. B. Pflanzaktion, Säuberungsaktion o. Ä.)
- Tonbandaufnahmen vom Gottesdienst zu Kranken und Alten bringen
- Beteiligung an Hilfsaktionen
- Paketaktion für Leute im Knast
- bei den Straßensammlungen des Diakonischen Werks mitmachen
- Aktionen wie »Schuften für Nicaragua«: Jugendliche bieten gegen Entgelt an, Menschen in Haus und Hof zu helfen
- sich bei Gemeindefesten beteiligen

## Spiritualität

- monatlich sich zum Sakramentsgottesdienst verabreden
- gemeinsames Tischgebet
- Bibelarbeit
- Gottesdienste (mit-) gestalten
- Knast-Jugendband für einen Auftritt in die Gemeinde holen

*Bildung anbieten*
*☐ Deutschkurse*
*☐ Schreibkurse*
*☐ IT-Kurse*

# ERFAHRUNGEN

Beim Start einer derartigen Jugendgruppe ist es wichtig, dass sie Zeit hat, sich selbst zu finden, gleichzeitig aber müssen die Jugendlichen spüren: Hinter der Sache steht Dampf. Unterforderung ist genauso schädlich wie Überforderung. Ob die Gruppe sich mehr auf punktuelle, zeitlich befristete Aktionen einlässt oder sich auch in der Lage sieht, kontinuierliche Aufgaben zu übernehmen, hängt stark von der Zusammensetzung und Stabilität der Gruppe und den spezifischen Interessen der Jugendlichen ab. Die Jugendlichen zu schnell in feste »Dienste« einzubinden ist nicht ratsam. Hat sich eine Gruppe stabilisiert, könnte ein eigenes »Logo« entwickelt werden, mit dem z. B. auch T-Shirts bedruckt werden könnten. Sinnvoll wäre es da, dass als Elemente sowohl das Kronenkreuz als auch das gemeindliche oder örtliche Logo, Wappen oder wie auch immer enthalten sind. Gerne suchen Jugendliche auch Phantasienamen für ihre Gruppe. Im konkreten Fall einer diakonischen Gemeindejugend besuchten die Jugendlichen z. B. eine Sammelunterkunft für Asylbewerber, packten Lebensmittel und Kleider für einen Hilfstransport der Gemeinde nach Bosnien, befassten sich mit der Situation von Strafentlassenen durch den Besuch einer Wohngruppe für Strafentlassene, beteiligten sich am Kirchweihumzug mit einem eigenen Wagen, sahen sich Videos über einschlägige Themen an (z. B. »Wir Kinder vom Bahnhof Zoo«), spielten ein Entwicklungshilfespiel. Sie befassten sich mit der Situation von Gehörlosen (Video: »Jenseits der Stille«) und bekamen durch Vertreter der Gehörlosengemeinde eine Einführung in die Gebärdensprache.

Mit dem Aufbau einer diakonischen Gemeindejugend würde ein gewisses Neuland betreten werden. Der erlebnisorientierte Ansatz erfordert einen relativ hohen Aufwand an Vorbereitungen, insbesondere auch, weil es noch keine methodischen, inhaltlichen und praktischen Wegweiser gibt, etwa in Form eines Kurses für den Aufbau und die Leitung solcher Gruppen oder eines »diakonischen Grundkurses« für die Jugendlichen selbst. Bei dem Start einer Gruppe zeigte sich ein Problem: Es gab Jugendliche, die schnell und intensiv in die Thematik einsteigen wollten, der Selbstfindungsprozess ging ihnen zu langsam. Sie empfanden die Treffen als zu lasch. Andere aber brauchten diese Zeit, wären abgesprungen, wenn sie überfordert worden wären. Die ersteren ließen sich leider nicht halten, sie suchten sich andere Betätigungsfelder. Ein weiteres Problem ist der unterschiedliche Reifegrad der Jugendlichen. Als drittes Problem zeigte sich, dass die Gruppe attraktiv war für Jugendliche, die eigentlich für sich selbst eine therapeutische Gruppe benötigt hätten.

## 2.6. Gemeinde und Selbsthilfe: Raumgeben, Anregen, Begleiten, Vernetzen

Die Landschaft sozialer Hilfen ist heute nicht mehr denkbar ohne Selbsthilfegruppen. Die in diesem Kapitel gegebenen Empfehlungen basieren auf den Ratschlägen des Selbsthilfeführers Mittelfranken.

Allgemein kann unterschieden werden zwischen

*krankheitsbezogenen Selbsthilfegruppen,*

*anonymen Gruppen* (vor allem im Suchtbereich) und

*Gesprächsselbsthilfegruppen.*

Selbsthilfe ist auch ein Thema diakonischer Gemeindeentwicklung. Das biblische Wort »Einer trage des andern Last« findet seine besonders deutliche Ausprägung, wenn sich von Not- oder Leidenssituation Betroffene zusammentun, um sich gegenseitig beizustehen und zu helfen.

### RAUMGEBEN UND EIGENE INITIATIVEN

Kirchengemeinden können Selbsthilfegruppen Gemeinderäume kostenlos oder gegen Gebühr zur Verfügung stellen. Denkbar sind auch eigene Initiativen.

An erster Stelle wäre hier an die Weiterentwicklung der seelsorgerlichen Trauerbegleitung hin zu einer *Gruppe für Hinterbliebene* zu denken.

Keine Gemeinde, in der es nicht pflegende Angehörige gibt. Auch hier bieten sich, neben Angeboten und Hilfen für diesen Personenkreis, Chancen, eine *Gruppe pflegender Angehöriger* anzuregen und zu begleiten in Verbindung und als Ergänzung der ambulanten Hilfen durch die Diakonie-Sozial-Station. Diese beiden Möglichkeiten kommen praktisch für jede Gemeinde in Betracht.

Je nach Gemeindesituation kommen weitere Initiativen in Frage, z. B.:

*Selbsthilfegruppe Arbeitsloser,*

*Gruppen für diverse »Minderheiten«,*

denkbar wären auch *Selbsthilfegruppen für Angehörige behinderter Menschen,*

*Selbsthilfe-Initiativen im Kindergartenbereich* (Kinderparks, Netz für Kinder) und *Schulbereich* (z. B. Hausaufgabenhilfe, Schulprobleme u. Ä.).

Grundsätzlich ist ein Wesenszug von Selbsthilfegruppen, dass sie sich selbst leiten. Zeitweise oder ständig kann eine gewisse kompetente Begleitung und Leitung insbesondere in der Anfangsphase sinnvoll und notwendig sein.

Personaler und organisatorischer Rückhalt einer Selbsthilfegruppe erleichtert deren Arbeit. Gibt eine Gemeinde Raum für eine Selbsthilfegruppe, sollte diese wissen, wer ihr/e AnsprechpartnerIn in der Gemeinde ist.

## TIPPS FÜR DIE GRÜNDUNG UND ARBEIT VON SELBSTHILFEGRUPPEN

Für die Gründung und Arbeit von Selbsthilfegruppen steht ein großer Erfahrungsschatz zur Verfügung.

> Grundlegende Vereinbarungen für eine Selbsthilfegruppe sollten sein: Vertraulichkeit, Regelmäßigkeit, Verbindlichkeit, Pünktlichkeit, erklärter Ein- bzw. Austritt.

> Eine Gruppe sollte mindestens 6 bis 8 und höchstens 15 Mitglieder haben. Beim Start kann die Zahl größer sein, da erfahrungsgemäß immer wieder welche abspringen.

- Die Teilnahme von Bekannten und Freunden hat mehr Nachteile als Vorteile für den Gruppenprozess.
- Zielklärung und Vereinbarung von Struktur und Regeln.
- Gruppensitzungen brauchen einen definierten Anfang und ein klares Ende. Hilfreich ist dabei die Strukturierung in Eröffnungsphase, Arbeitsphase und Schlussphase.
- Gruppenschwierigkeiten müssen offen angesprochen werden.
- Der Erfahrungsaustausch mit anderen Selbsthilfegruppen ist sinnvoll.
- Die Häufigkeit der Treffen kann unterschiedlich sein. Anonyme Gruppen treffen sich wöchentlich. Gesprächs-Selbsthilfegruppen, wo persönliche Probleme im Vordergrund stehen, kommen wöchentlich oder 14-tägig zusammen. Krankheitsbezogene Gruppen zur Interessenvertretung und zum Informationsaustausch kommen meistens mit monatlichen oder noch selteneren Sitzungen aus.
- Bezogen auf die einzelnen Gruppenmitglieder hat sich die Notwendigkeit eines neutralen Treffpunkts (Gemeinderäume) gezeigt – also nicht bei einem Gruppenmitglied zu Hause.
- Gegründet werden soll eine Selbsthilfegruppe durch die Betroffenen selbst. Das schließt allerdings nicht die Unterstützung, Förderung, Beratung und Begleitung durch professionelle Personen aus.

## 2.7. Gemeindegastzimmer

Wer auf der griechischen Insel Kos vom Bergdorf Zia zum nahe gelegenen halb verlassenen Dorf Athomatos läuft, der wird die überraschende Entdeckung machen, dass das dortige Kirchlein über ein Xenonas verfügt, einfache Gästezimmer zum Übernachten. Dort, im Bergland der Insel Kos, ist die Idee entstanden, dass auch Gemeinden zumindest über ein Gemeindegastzimmer verfügen sollten. Ein Gemeindegastzimmer, um z. B. Gäste aus Partnergemeinden beherbergen zu können, oder Referenten, oder wenn aus der Gemeinde jemand viel Besuch hat und noch ein Quartier benötigt. Je nach Situation kann dafür auch ein kleines Übernachtungsentgelt erhoben werden. Eine weitere mögliche Funktion spielt bei dieser Idee auch eine Rolle: für begrenzte Zeit Nichtsesshafte aufnehmen zu können, um damit zu helfen, den Teufelskreis zwischen Wohnungslosigkeit und Arbeitslosigkeit zu durchbrechen oder einfach einem Nichtsesshaften für einige Zeit eine »Heimat« zu bieten. Zeigt doch die Erfahrung, dass viele die größeren Übernachtungsmöglichkeiten für Nichtsesshafte meiden, weil es ihnen dort z. B. zu viel Streit gibt oder weil sie einfach Einzelgänger sind.

## 2.8. »Hamse mal 'ne Mark«: die von den Zäunen und Wegen – Nichtsesshafte

Zum Alltag in einem Pfarramt gehört der »Besuch« von Nichtsesshaften, die vorbeikommen, um eine kleine Unterstützung zu erhalten. Eine Selbstverständlichkeit, von niemandem beachtet. Bei Gemeinden in sozialen Brennpunkten oder beliebten »Tippel-Hauptstraßen« kommt das täglich vor. Manche stark frequentierte Gemeinden sind dazu übergegangen, statt Geld Naturalien bereitzuhalten: Brot, Wurstkonserven. Darüber hinaus gibt es Initiativen, die von Gemeinden und in Zusammenarbeit mit anderen Gemeinden und Institutionen getragen werden könnten: Das Spektrum reicht vom Obdachlosenfrühstück, den »Tafeln« über Sozialläden bis hin zu »Gotteswohnungen« und »Vesperkirchen«:

### OBDACHLOSENFRÜHSTÜCK

Die zunehmende Armut in unserer Gesellschaft und der wachsende Kreis derer, die in dieser Gesellschaft nicht mehr mithalten können und unter die Räder gekommen sind, zeigt sich nirgends deutlicher als in der Zunahme von Obdachlosenfrühstücken und »Tafeln«. Vor wenigen Jahren kannte man derartige Einrichtungen, die Neuauflage der Suppenküchen vergangener Jahrzehnte, nur aus anderen Ländern, aus Slums in den USA und wo auch sonst. Die wachsende Armut zeigt sich auch darin, dass zum Klientel keineswegs nur Nichtsesshafte im strengen Sinn gehören, sondern auch restlos verarmte Sesshafte: Langzeitarbeitslose, Vereinsamte ohne soziale Kontakte.

Die Nürnberger Innenstadtgemeinden, evangelisch wie katholisch, laden seit mehreren Jahren abwechselnd Sonntag für Sonntag zu einem Obdachlosenfrühstück ein. Am Anfang kamen 40 bis 50 Gäste. Mittlerweile stieg die Teilnehmerzahl auf 70. Die Bewirtung wird durch Beiträge aus den Gabenkassen der Gemeinden und durch Sachspenden von Geschäftsleuten ermöglicht.

Auch hier zeigt sich, wie fruchtbar sich gemeindliche Initiative und die Arbeit der professionellen Dienste ergänzen können, sind doch die Wärmestuben von Stadtmission und Caritas am Sonntag geschlossen.

Dem Initiativkreis aus den Gemeinden ist eine gute Atmosphäre wichtig, ebenso wie die Reichhaltigkeit des Frühstücks: Wurst, Käse, Kaffee, Tee und Kuchen. Es geht aber den ehrenamtlich tätigen Gemeindegliedern nicht nur um eine soziale Dienstleistung, sondern ein besonderes Anliegen ist das persönliche Gespräch und der direkte Kontakt.

Innenstadtgemeinden anderer Städte, z. B. in Bayreuth, haben mittlerweile diese Initiative aufgegriffen.

## VESPERKIRCHE
In Baden-Württemberg gibt es die Initiative »Vesperkirche«. Beeindruckend das Vorbild der Stuttgarter Vesperkirche: Eine Gemeinde öffnet ihre Kirche für Nichtsesshafte, Straßenmenschen und gesellschaftlich Gescheiterte. Sie stellt ihr Gemeindeleben im Winterhalbjahr konsequent auf diese Menschen ein. Sie bietet Raum, Essen, Gespräche,

Beratung. Eine große Zahl Ehrenamtlicher engagiert sich. Jahr für Jahr geht die Gemeinde damit auch ein finanzielles Wagnis ein und wird in der Doppelbedeutung des Wortes ein Stein des Anstoßes.

## »TAFELN« – EINE TRAURIGE ERFOLGSSTORY DER 90ER JAHRE

Der Gedanke der Tafeln ist so einfach wie genial: Überschüssige Lebensmittel werden von Kantinen, Hotels, Lebensmittelherstellern, Supermärkten, Markthändlern, Obst- und Gemüseläden und Servicegesellschaften eingesammelt und kostenlos an bedürftige Menschen verteilt.

Oft werden bei den Bittgängen der ehrenamtlichen Trägerkreise offene Türen eingerannt: Auch Händler und Marktleiter geben lieber überschüssige Lebensmittel dafür ab, als sie wie bisher auf den Müll zu werfen. Die größten Tafeln in Berlin, Hamburg und München bewegen täglich mehrere Tonnen Lebensmittel.

Für Gemeinden in Brennpunktgebieten könnte die Einrichtung von Tafeln, sinnvollerweise in Kooperation mit anderen Gemeinden und Institutionen, durchaus eine Sache sein, um auf elementare Not zu reagieren.

## DER SOZIAL-LADEN

An der Schnittstelle von Hilfe für Nichtsesshafte, verarmte Sesshafte und Arbeitsbeschaffungsprojekt steht das Projekt Sozial-Laden. Im oberfränkischen Hof werden dort extrem günstig Lebensmittel, aber auch Kleidung, Schuhe und andere Produkte verkauft.

Die beiden Verkäuferinnen sind ABM-Kräfte, die von evangelischer und katholischer Ortskirche finanziert werden. Die Waren kommen ähnlich wie bei den Tafeln von Supermärkten, Lebensmittel kurz vor dem Verfallsdatum oder mit Transportschäden. Eine Bäckerei liefert täglich Backwaren, manche vom Vortag, manche frisch. Kasse und Ladentheke sind kostenlose Leihgaben. Die KFZ-Innung und ein Autohaus haben den Transporter gespendet, um die Waren früh morgens von den Supermärkten abzuholen. Auch hier: Es geht auch um persönliche Gespräche. Deshalb denken die Initiatoren an Kaffeeausschank und Informationsbörse.

## QUARTIER FÜR EINE NACHT – VON OFFENEN KIRCHEN, WOHNUNGSPOOL UND GOTTESWOHNUNGEN

Die evangelische Kirchengemeinde München-St. Lukas öffnete im Rahmen ihres umfassenden Entwicklungskonzeptes »St. Lukas ist eine offene Kirche« die Kellerräume ihrer Kirche als *Übernachtungsmöglichkeit* für Obdachlose und ergänzte diese Arbeit um einen »Obdachlosen-Sonntagsbrunch«. Die Pfarrer Andreas Ebert und Tilmann Haberer schreiben dazu:

*»Mit dem Arbeitskreis Armut und der Obdachlosenarbeit hat die Gemeinde an einem Punkt modellhaft eine neue Form von gemeindebezogener Diakonie entwickelt, die manchen ›Fachleuten‹ gar nicht gefällt; denn hier soll keine professionelle Sozialarbeit geleistet werden. Vielmehr werden die alten christlichen Künste und Tugenden der Gastfreundschaft und des Teilens geübt.«*[7]

Um aus dem Teufelskreis von Arbeitslosigkeit und Obdachlosigkeit herauszukommen, ist Adresse und Unterkunft erforderlich.

Der Initiativkreis der Hamburger Obdachlosenzeitung Hinz & Kunzt gründete deshalb einen *Wohnungspool*. Ein kleines Team hilft VerkäuferInnen der Zeitung, eine Wohnung zu finden, und begleitet sie weiter, um die Wohnung behalten zu können. 1996 konnten so für 35 Personen eine Wohnung beschafft werden.[8]

Im kleinen Maßstab kann jede Gemeinde mit ihrer idealen Anlaufstelle Pfarramt bedürftigen Menschen – auch im Vorfeld von Obdachlosigkeit – bei Wohnungssuche und Begleitung behilflich und förderlich sein.

Eine faszinierende Idee entwickelte sich ebenfalls aus »Hinz & Kunzt«: *Gotteswohnungen.*

Im Mittelalter baute man an die Kirchen Buden an und ließ Bedürftige dort wohnen. An diese Tradition wurde in Hamburg angeknüpft. Man stellte fest, dass die Evangelische Kirche 200 Grundstücke hatte mit Grünzonen. Warum sollte man nicht mit Wohnungslosen teilen? Es wurde ein Modell für kleine Holzhäuser entworfen. Im Oktober 1996 wurden dann sieben Gotteswohnungen, »Kirchen-Katen«, aufgestellt.

Die bereits vorgestellte Idee eines *Gemeindegastzimmers* bietet im kleinen Rahmen für eine Gemeinde die Möglichkeit, für eine begrenzte Zeit einem Menschen aus der Obdachlosigkeit zu helfen.

## 2.9. Begleitung der hoffnungslosen »Fälle«

Dieses Kapitel möchte den Blick auf Menschen richten, mit denen jede Gemeinde ständig konfrontiert ist: Menschen, die mit dem Leben bzw. mit den Anforderungen, die die heutige Zeit an sie stellt, hoffnungslos nicht zurechtkommen: unheilbar Suchtkranke, psychisch Kranke, sozial haltlose oder extrem labile Menschen. Menschen, die noch jede Therapie abgebrochen oder erst gar nicht angefangen haben. Menschen, die ein Leben lang letztlich nicht in der Lage sind, ihr Leben eigenverantwortlich zu führen. Jede Gemeinde hat ständig damit zu tun. Meistens wird das gar nicht so wahrgenommen, weil die Geistlichen der Gemeinde das meiste auffangen und am dichtesten damit befasst sind. Nach ihnen können die Pfarramtssekretärinnen davon »ein Lied singen«. Da sind die Anrufe mitten in der Nacht, die vielen kleinen Unterstützungen, die gewährt werden, damit jemand wieder ein paar Wochen »weiterwursteln« kann.

Da sind die Suchtkranken, denen keine Therapie mehr gezahlt wird, weil sie noch jede Therapie abgebrochen haben oder wieder rückfällig geworden sind. Da sind die Durchreisenden, die auf »Hamse mal 'ne Mark« vorbeikommen; die psychisch Kranken, die durch keine Macht der Welt zu einer Therapie zu bewegen sind, die Frau, die die Stimme Gottes unmittelbar zu hören vermeint. Der Gemeinde auffällig werden diese Menschen erst, wenn sie aus dem Verhaltensrahmen im Gottesdienst und bei Gemeindeveranstaltungen fallen.

Unsere Gesellschaft ist mit ihrer beeindruckenden Fülle von Therapie- und Sozialleistungen auf die Wiederherstellung der Genuss- und vor allem der Arbeitsfähigkeit ausgerichtet. Wer nicht in der Lage ist, diese Fähigkeit (wieder) zu erwerben, steht in Gefahr, abgeschrieben und ausgegrenzt zu werden oder sich selbst auszugrenzen.

Tatsache ist jenseits aller Bemühungen um Heilung, Resozialisierung, Therapie: Es wird immer einen bestimmten Anteil an Menschen in der Gemeinde, in der Gesellschaft geben, die in dieser Hinsicht resistent sind gegenüber allen Bemühungen. Menschen, denen im landläufigen Sinn nicht zu helfen ist. Was als »normal« eingestuft wird, ist keine objektive Größe, sondern eine relative, bezogen auf und abhängig von den jeweiligen gesellschaftlichen Normen und Erwartungen. Ein Beispiel: Die Anforderungen, um überhaupt Chancen auf Erwerbstätigkeit zu bekommen, steigen in einem rasanten Tempo: Gab es früher einen sehr hohen Anteil an einfachen, wenig Qualifikation erfordernden Tätigkeiten, ist dieser Anteil so rapid gesunken, dass ein Hauptschulabschluss ohne »Quali« bereits das berufliche, gesellschaftliche und persönliche Aus bedeutet. Nicht umsonst erheben sich in jüngster Zeit Stimmen, die vor einer Verslumung unserer Gesellschaft warnen: Der Anteil der Menschen, die unter die Räder kommen, weil sie mit der Geschwindigkeit der Räder nicht mitkommen, wird in unserer Gesellschaft noch weiter steigen. Dieser Zunahme steht eine fast ebenso rasante Abnahme von familiären und übergreifenden sozialen Strukturen gegenüber, um diese Menschen auszuhalten, mitzutragen – weniger im materiellen als im sozialen, einstellungsmäßigen Sinn. Das menschlich-soziale Netz ist sehr brüchig geworden: die Tragfähigkeit, die Belastbarkeit, die Bereitschaft, Menschen, die nicht den gesellschaftlichen Erwartungen an Leistungsfähigkeit und den erwarteten Verhaltensnormen entsprechen können, einfach auszuhalten, mitzutragen, zu begleiten. Eine dieser Normen ist die Erwartung: Wer Probleme hat, muss alle Möglichkeiten der Hilfe, Therapie nutzen. Wem es nicht gelingt, damit wieder auf die Füße zu kommen, hat irgendwann seine Chance verwirkt. Abgesehen davon, dass viele Menschen in solchen Situationen ihre Lebenslage gar nicht so einschätzen, gibt es nicht für jeden Menschen in jeder Lebenslage eine erfolgreiche Therapie. Was körperliche Leiden angeht, sind wir bereit, die Möglichkeit Untherapierbarkeit irgendwie anzuerkennen – ohne soziale Ächtung der Person. Bei sozialen oder psychischen Leiden dagegen haben wir gemeinhin mit der Akzeptanz größte Schwierigkeiten. Kirchengemeinden sollten den hoffnungslosen »Fällen«, den Untherapierbaren einen Lebens- und Akzeptanzraum geben. Wenn man schon letztlich nichts oder wenig für sie tun kann, so kann Gemeinde doch »mit« ihnen sein. Lebens- und Akzeptanzraum sein zu wollen ist menschliche Abschattung der göttlichen Taufzusage.

## 2.10. Die behinderte Gemeinde – ohne Behinderte

Zu jeder Kirchengemeinde gehören Mitglieder, die in der einen oder anderen Weise behindert sind, sei es nun geistig oder körperlich. Weit größer ist der Kreis derer, die behinderte Angehörige haben. Umso mehr verwundert es, wie wenige Gemeinden darauf eingestellt sind. Spastisch gelähmte Gottesdienstbesucher würden in den meisten Gemeinden, vorsichtig ausgedrückt, für Aufsehen sorgen. Es ist eher die Ausnahme, wenn Gemeindehäuser behindertengerecht ausgelegt sind. Kirche und Behinderte ist eine Domäne der diakonischen »Anstalten«. Das ist nicht ganz zufällig so. Die Ursachen liegen in den Feldern von Wahrnehmung, Bewusstsein, fehlenden praktischen Kenntnissen und unzureichenden räumlichen Gegebenheiten. Tiefer sitzende, unbewusste Ängste derer, die sich als nicht Behinderte betrachten, kommen hinzu.

Aber es geht hier nicht um ein Thema unter anderen, sondern um die Glaubwürdigkeit des Evangeliums.

Es ist ein »… *Prüfstein auf die Echtheit des Evangeliums … Im Ergebnis muss dabei die Art des Gemeindelebens und die Verkündigung geprüft und erneuert werden. Denn jede Form der Ausgrenzung würde durch die Taten die Verkündigung mit Worten unglaubwürdig machen … Wer beispielsweise mit geistig behinderten Menschen spricht, mit ihnen eine Andacht oder einen Gottesdienst gestalten will, darf es nicht dabei bewenden lassen, seinen Wortschatz und Satzbau etwas zu vereinfachen, sondern auch der Inhalt der Verkündigung braucht wesentliche Veränderungen: fort vom akademisch geschulten Denken und Reden und von dem damit verbundenen Anspruch an Denken und Glauben derer, die zuhören, hin zum Freuen, zum gemeinsamen Leben! Damit wird das Evangelium wieder erfreuende Wirklichkeit.«*[9]

Zahlenmäßig sind Behinderte keine Randgruppe. 1993 gab es in Deutschland 6,4 Millionen schwerbehinderte Menschen. 835 000 davon gelten als geistig-seelisch behindert, 314 000 als sehbehindert oder blind. 220 000 haben Sprachstörungen, sind schwerhörig oder gehörlos. 146 000 leiden unter Entstellungen. Bei 121 000 liegt die Ursache der Behinderung im teilweisen oder gänzlichen Verlust von Gliedmaßen. 15 000 sind querschnittgelähmt.

Wie kann sich eine Gemeinde besser auf Behinderte einstellen? Die baulich-technische Seite wurde bereits im Kapitel »Diakonie im Einzugsgebiet des Gottesdienstes« angesprochen. Jetzt sollen Aktionen der Begegnung und die dabei gemachten Erfahrungen in Blick genommen werden.

## AKTIONEN DER BEGEGNUNG

Aus der Vielfalt der Initiativen sollen drei Beispiele aus der Evangelischen Kirche in Württemberg vorgestellt werden: der Bodelschwingh-Kreis Stetten, das Projekt »Diakonisch sehen lernen« und gemeinsame Freizeiten von Behinderten und Nichtbehinderten.

Am Anfang des *Bodelschwingh-Kreis Stetten* stand der Vorwurf, für behinderte Kinder in den Heimen tue die Kirche ja viel, aber sie lasse die im Stich, die ihre behinderten Kinder zu Hause hätten. Dieser Vorwurf ließ einer Kirchenvorsteherin keine Ruhe. Sie fand heraus, dass in ihrer Gemeinde 20 junge Behinderte lebten. Gespräche mit Eltern zeigten, diese Kinder lebten sehr isoliert, es fehlte ihnen an Kontakt mit Nichtbehinderten. Mit einem Mütterkreis und Jugendlichen konnte ein Konzept entwickelt werden, in dem Gemeinschaft, Geselligkeit, anregendes Tun und angemessene Verkündigung ihren Platz haben sollten. Die Probleme im Blick auf den Transport, geeignete Räume und in finanzieller Hinsicht konnten gelöst werden. Zum ersten Treffen kamen vier behinderte Kinder. Nach sieben Jahren waren es 25. Der MitarbeiterInnenkreis umfasst 15 Personen. Kernstück ist das monatliche Treffen an einem Samstag im Gemeindehaus. Jeweils 10 Tage vorher trifft sich der Vorbereitungskreis. Einmal jährlich gibt es ein gemeinsames Wochenende oder eine zweiwöchige Sommerfreizeit. Ein Elternkreis trifft sich drei- bis viermal jährlich.

Das Projekt *»Diakonisch sehen lernen«* wurde vom Evangelischen Jugendwerk in Württemberg in Zusammenarbeit mit dem Gemeindekolleg der VELKD (Vereinigte Evang.-Luth. Kirche in Deutschland) entwickelt und in mehreren Projekten erprobt. Ziel war es, diakonische Verantwortung in bestehende Gruppen einzubringen, damit diese zu einem Element ihrer Gruppenarbeit wird. Die Ziele waren:

- Bei MitarbeiterInnen und Verantwortlichen die Bereitschaft zu wecken, sich auf das Thema einzulassen.
- Kinder, Jugendliche und junge Erwachsene sollten bereit und fähig werden, die Distanz zu behinderten Menschen zu überwinden.
- Durch das unmittelbare Erleben sollte es zu einem Wertewandel kommen, dahingehend dass Hilfsbedürftigkeit und Helfen-Können zu jedem Menschen gehören.
- Die TeilnehmerInnen sollten im diakonischen Handeln praktische Erfahrungen mit dem Glauben machen.
- Sie sollten entdecken, wo es am Ort Aktionsfelder gibt.

Kernpunkt des Projekts waren zwei Begegnungstage in einem Heim für geistig- und lernbehinderte Menschen und eine Freizeit unter dem Motto

»Diakonie zum Anfassen« mit Einsatzmöglichkeiten in einem Altenheim und einer Sozialstation.

Das Spektrum *gemeinsamer Freizeiten von Behinderten und Nichtbehinderten* reicht von Jugend- über Familien- bis zu Seniorenfreizeiten. Wichtig ist, dass die Teilnehmenden über die Freizeit hinaus zu nichts verpflichtet werden.

## EMPFEHLUNGEN FÜR KIRCHENGEMEINDEN, DIE IHRE BEHINDERTEN INTEGRIEREN WOLLEN

Aufgrund der mit diesen Aktionen der Begegnung, insbesondere des Bodelschwingh-Kreises Stetten gemachten Erfahrungen kann Folgendes empfohlen werden:

1. Nicht ohne die Behinderten planen:
   Es ist als erster Schritt sehr wichtig, zunächst Kontakt zu Behinderten und ihren Angehörigen aufzunehmen, um Vorstellungen und Wünsche in Erfahrung zu bringen.

2. Mit den vorhandenen Gemeindegruppen weiterplanen:
   Die Wünsche und Vorstellungen sind dann in den einzelnen Gemeindegruppen zu besprechen. Wer kann mitmachen? Sind die Erwartungen von Behinderten und Nichtbehinderten zusammenzubringen?

3. Die offiziellen VertreterInnen der Kirche in das Gespräch einschalten:
   Damit es eine Sache der Gemeinde ist, ist der Kirchenvorstand einzubeziehen. Sinnvoll ist auch, sich von einer kompetenten Stelle beim Diakonischen Werk beraten zu lassen.

4. Die Kontakte erweitern:
   Bei diesem Schritt geht es um die Kontaktaufnahme z. B. mit dem Kindergarten, der Diakoniestation, gegebenenfalls auch mit Fachkräften aus nahe gelegenen Einrichtungen der Behindertenhilfe u. Ä.

5. Einzelprobleme lösen:
   Raum-, Transport-, Finanzierungs- und Versicherungsfragen sind zu klären, ebenso wie Verantwortlichkeiten und Aufgabenverteilung.

6. Gemeindeveranstaltungen durchführen:
   Eine breite Basis in der Gemeinde ist sehr wichtig. Dazu empfehlen sich Informationsabende, Artikel im Gemeindeboten und nicht zuletzt ein Gottesdienst mit Behinderten und Nichtbehinderten.

7. Weitere Detailempfehlungen:
   – Hausbesuche bei Behinderten und ihren Familien.
   – Interessengebiete der Behinderten in Erfahrung zu bringen.
   – Mit den Eltern über gesundheitliche Fragen ihrer behinderten Kinder zu sprechen.
   – Die Leitung des Kreises in die Hände von zwei Personen zu legen.
   – Zunächst lieber mit einem kleinen Kreis von Behinderten anzufangen.
   – Die Zahl der Behinderten und Nichtbehinderten sollte gleich groß sein.
   – Keine zu häufigen Treffen.
   – Zeitliche Begrenzung der regelmäßigen Treffen (2 bis 3 im Jahr), um die Behinderten nicht zu überfordern.

## 2.11. Brückenschläge zwischen Gemeinde und »Anstalten«

Keine Frage, für viele behinderte Menschen sind spezielle Einrichtungen erforderlich, um ihren Lebenserfordernissen, bedingt durch geistige oder körperliche Behinderungen, gerecht zu werden und ihnen ein Maximum an Förderung zuteil werden zu lassen. »Anstalten«, Heime gelten geradezu als Inbegriff von Diakonie, sind verbunden mit diakonischen Großunternehmen wie dem Evang.-Luth. Diakoniewerk Neuendettelsau oder den Rummelsberger Anstalten. Im Sinne einer integrativen Gesellschaft können deshalb für diakonische Gemeindeentwicklung Brückenschläge zwischen Gemeinde und »Anstalten« von Bedeutung werden. In einer Darstellung des Evang.-Luth. Diakoniewerks Neuendettelsau werden ca. 18 Patenschaften zwischen Gemeinden bzw. Gemeindegruppen und Einrichtungen des Diakoniewerks aufgelistet.

Damit der Kontakt gelingt, ist es wichtig, die für eine Gemeinde oder Gemeindegruppe angemessene Beziehungsform zu wählen. Es macht wenig Sinn, mit einer Konfirmandengruppe eine Beziehungsform zu wählen, die auf langfristige Beziehungen zu BewohnerInnen von Heimen angelegt ist. Das bringt nur Enttäuschungen auf beiden Seiten.

Sinnvoll dagegen könnte sein, im Rahmen eines Projekttages oder Wochenendes mit den Jugendlichen in eine Einrichtung zu gehen oder nach entsprechender Vorbereitung vielleicht sogar eine gemeinsame Freizeit oder einen Ausflug zu wagen. Gemeindegruppen sollten sich nicht übernehmen. Lieber klein anfangen, als groß einsteigen und dann über kurz oder lang ohne Puste dazustehen. Als Rahmen wäre denkbar, eine *offizielle Partnerschaft* oder *Patenschaft* zwischen einer Kirchengemeinde und einer stationären Einrichtung bzw. mit einer Wohngruppe innerhalb dieser Einrichtung zu übernehmen. Diese Partnerschaft könnte dann durch verschiedene Gemeindegruppen mit Leben erfüllt werden. Dadurch hätten einzelne Gruppen die Möglichkeit, sich zu engagieren oder auch wieder zurückzutreten, ohne dass dadurch der Brückenschlag im Ganzen abbricht und einschläft. Gemeindegruppen könnten mit BewohnerInnen von Wohngruppen *Briefkontakt* aufnehmen und unterhalten. Jeder weiß, wie viel Freude es macht, in seinem Briefkasten Post zu finden, Briefpost, nicht nur Werbung und Rechnungen. Daraus können sich durch Besuche auch persönliche Kontakte entwickeln. Die hauptberuflichen MitarbeiterInnen sind dankbar, wenn *Ehrenamtliche* für Spaziergänge, Spiele, Gespräche oder Besorgungen zur Verfügung stehen.

Das Gesetz sieht als Ersatz für den früheren »Vormund« *BetreuerInnen* zur Regelung finanzieller und persönlicher Belange von Behinderten vor. Diese Aufgabe erfordert natürlich ein etwas höheres Engagement, ebenso wie eine vertragliche Verpflichtung.

## 2.12. Diakonische Außenposten der Gemeinde

Es gibt Gemeinden in sozialen Brennpunkten, und es gibt Gemeinden in einem relativ intakten sozialen Umfeld. Letztere verfügen häufig über ein beachtliches Potential von Menschen, die bereit sind, sich sozial zu engagieren, während Gemeinden in sozialen Brennpunkten sich schwer tun, Menschen für ehrenamtliches Engagement zu gewinnen. Darauf basiert die Idee diakonischer Außenposten: Gemeinden suchen sich in Kooperation mit anderen Gemeinden und Einrichtungen ein Handlungsfeld außerhalb ihres Gemeindegebiets. Eine Stadtrand- oder Landgemeinde könnte sich so für Stadtstreicher o. Ä. einsetzen. Sie könnte ein Asylbewerberlager mit einem ehrenamtlichen Kreis begleiten oder Kontakt zu einem Übergangsheim für Aussiedler aufbauen. Sie könnte den Besuchsdienst für ein Krankenhaus oder Altenheim übernehmen. Sie könnte die Arbeit von Institutionen unterstützen, die sich um Suchtkranke oder Strafentlassene kümmern. Der Möglichkeiten gibt es viele. Zudem gibt es viele von Institutionen getragene Handlungsfelder, die das Problem haben, ehrenamtliche Kräfte zu finden und zu begleiten. Im Zuge des europäischen Einigungsprozesses käme auch der Gedanke in Betracht, den diakonischen Außenposten in einem anderen europäischen Land durch Zusammenarbeit mit Gemeinden und diakonischen Einrichtungen dort einzurichten.

## 2.13. Straffälligenhilfe – das große Tabu: getauft und doch straffällig

Es dürfte wenige Gemeinden geben, die nicht Straffällige oder einmal straffällig gewordene Mitglieder in ihren Reihen zählen. Menschen, die in der Gemeinde getauft und konfirmiert worden sind, geheiratet haben, in der Gemeinde aufgewachsen sind, Angehörige haben, die in der Gemeinde leben. Und es gibt Gemeinden, in deren Bereich sich eine Haftanstalt befindet. Dieses Thema kommt jedoch in den Gemeinden kaum vor. Natürlich gibt es GefängnisseelsorgerInnen und diakonische Institutionen, die sich um Straffällige und Strafentlassene kümmern. Von diakonischen Einrichtungen werden Kurse für ehrenamtliche Straffälligenhilfe angeboten. Der Verfasser ist nicht der Meinung, jede Gemeinde müsste einen Arbeitskreis für Straffällige und Strafentlassene haben. Es geht vielmehr um das bodennahe Ernstnehmen der Bedeutung von Taufe und Vergebung, um das, was Jesus von Nazareth in seinem ganzen Verhalten vorgelebt und deutlich gemacht hat. Die folgenden Hinweise basieren auf den Erfahrungen, die die beeindruckende Straffälligeninitiative CISS der ehemaligen Kommunität Simonshofen bei Nürnberg in ihrer Arbeit gemacht hat:

### DIE GRENZEN GEBEN KLARHEIT ÜBER DIE MÖGLICHKEITEN

Was können Gemeinden für und mit Straffälligen tun? Um die Möglichkeiten zu entdecken, muss man nüchtern um die Grenzen der Möglichkeiten wissen, insbesondere, wenn es um Kontakt und Hilfen für Inhaftierte geht. Die Handlungsmöglichkeiten für Gemeinden sind aus vielerlei Gründen begrenzt, da für Strafvollzug Sicherheit und Ordnung hohe Werte sind, die nicht gefährdet werden dürfen. Völlig eigenen Initiativen steht man dort eher misstrauisch gegenüber. Wenn also Gemeinden sich dieser elementaren diakonischen Aufgabe widmen wollen, ist es wichtig, mit denen Kontakt aufzunehmen, die damit bereits Erfahrungen haben, also insbesondere zu GefängnisseelsorgerInnen, zu Stellen des Diakonischen Werks oder eben zu Initiativen wie CISS (Christliche Initiative Straffälligenhilfe Simonshofen). Die Grenzen der

Handlungsmöglichkeiten sind durch das Strafvollzugsgesetz, durch eine große Vielzahl von Bestimmungen und durch die Handhabung der jeweiligen Anstaltsleitungen gezogen. Welche Möglichkeiten gibt es nun?

1. Es gibt die Möglichkeit, offiziell als »Seelsorge-Helfer« sich zu engagieren. Diese Person muss immer einem bzw. einer AnstaltsseelsorgerIn zugeordnet sein. In jeder Justizvollzugsanstalt gibt es eine(n) AnsprechpartnerIn, die sich um solche Helfer und Kreise kümmert.

2. Briefkontakte mit Inhaftierten.

3. Besuche in Haftanstalten.

4. Ausgänge mit Inhaftierten.

5. Übernahme von Paket-Patenschaften (z. B. zu Ostern und zu Weihnachten).

6. Betreuung und Kontakt durch Bezugspersonen nach der Entlassung, z. B. durch Einladungen zu Ausflügen, Konzerten, Sportveranstaltungen, in Hobbygruppen usw.).

7. Förderung von bestehenden Organisationen, indem auf deren Arbeit in der Gemeinde hingewiesen wird und deren Arbeit und Aktionen unterstützt werden.

8. Fürbitten.

9. Mitwirkung beim Abbau von Vorurteilen durch Thematisierung und Organisation von Infoabenden bei interessierten Kreisen oder z. B. im Rahmen der Erwachsenenbildung.

10. Musikgruppen, Chöre können die Mitgestaltung von Gottesdiensten in Gefängnissen anbieten. Die CISS hält es allerdings dafür erforderlich, dass dazu zunächst eine intensive Auseinandersetzung mit den Themen »Schuld, Strafe, Vergebung« gehören.

11. Wohnraum geben: an Strafentlassene eine Wohnung vermieten, damit der Teufelskreis zwischen Wohnungslosigkeit und Arbeitslosigkeit durchbrochen werden kann.

12. Musik- und Theatergruppen von Inhaftierten oder Strafentlassenen in die Gemeinde zu Auftritten einladen.

Sozialromantiker sind allerdings fehl am Platz. Um Enttäuschungen vorzubeugen, ist eine sehr sorgfältige Klärung der persönlichen Motivation erforderlich. Das ist ein Grund, warum die CISS z. B. nur sehr wenige ehrenamtliche Helfer hat. Erforderlich sind:

1. Eine realistische Einschätzung der eigenen Kräfte und Möglichkeiten.

2. Grundsätzlich keine Versprechungen und Hoffnungen machen, die man nicht erfüllen kann.

3. Praktische, menschennahe und lebenssituationsorientierte Hilfe anbieten, unabhängig von missionarischen Hintergedanken.

4. Den, der nach anderen Maßstäben und Plausibilitäten und Logiken lebt, lieben wollen.

5. Sich eingestehen, dass wir alle letztlich nur aus der Vergebung leben können.

6. An die Verheißung glauben, die auf solcher Arbeit liegt – auch wenn es kein Automatismus ist.

7. Radikal keine Personen zulassen, die nur helfen wollen, um eigene Probleme zuzudecken, oder denen es um Dankbarkeit und Steigerung ihres eigenen Selbstwertgefühls geht.

## 2.14. Die Seuche Erwerbslosigkeit – eine Herausforderung für Gemeinden

Über das Ausmaß und die verheerenden Wirkungen von Erwerbslosigkeit braucht hier eigentlich kein Wort verschwendet zu werden. Arbeitslosigkeit kann konkret so aussehen: Die Mutter einer Konfirmandin spricht den Verfasser an, ihre Tochter könne nicht konfirmiert werden, da sie arbeitslos geworden sei und das Geld für die Ausrichtung der Konfirmation fehle.

Ein Schlaglicht, das zeigt, dass Erwerbslosigkeit weit mehr ist als Einkommensminderung.

Sie wirkt sich negativ auf die ganze Familie aus, belastet und schädigt psychisch und sozial die ganze Familie. In der 7. Klasse einer Hauptschule befassten sich die SchülerInnen mit Lebenszielen. Auf einer kleinen Phantasiereise sollten sie sich vorstellen, was sie mit 20, 30, 40 usw. erreichen möchten. Bei einigen tauchte im 30. Lebensjahr auf: »Immer noch Arbeit haben«!

Bei Besuchen ist erschreckend, festzustellen: Kaum eine Familie, die nicht in irgendeiner Weise mit Erwerbslosigkeit schon direkt zu tun hatte. Sei es unmittelbar: Ein Elternteil ist arbeitslos oder war arbeitslos, arbeitet in einem »wackeligen« Betrieb. Oder der Jugendliche tut sich schwer beim Finden eines Ausbildungsplatzes.

Durch ihre Mitglieder ist eine Kirchengemeinde ständig mit Arbeitslosigkeit konfrontiert.

Es gibt wohl keine Gemeinde, in deren Bereich nicht ein gewerblicher Betrieb ist, wohl keine Gemeinde, die keine Mitglieder hat, die einen Betrieb haben, sei es nun ein Geschäft, ein Handwerksbetrieb oder ein mittelständisches Unternehmen. Wie kann sich eine Gemeinde der Herausforderung Erwerbslosigkeit stellen? Was ist sinnvoll, was ist leistbar, was sollte getan werden? Befasst man sich mit diesem Thema, dann ist wichtig, sich zu informieren, was es für Einrichtungen und Förderinstrumente gibt. Die wichtigsten Förderinstrumente sind: Arbeitsbeschaffungsmaßnahmen, Strukturanpassungsmaßnahmen (Lohnkostenzuschüsse), Eingliederungszuschüsse und Zuschüsse zur Beschäftigung Schwerbehinderter (Blinde, Körperbehinderte, psychisch Behinderte) der Hauptfürsorgestelle (Versorgungsamt). Hier ist auf jeden Fall die Kontaktaufnahme mit den dafür zuständigen Arbeitsassistenten erforderlich, die gewissermaßen als »Schnittstelle« zwischen Schwerbehinderten und Arbeitgeber fungieren.

Wo steht denn, daß es ein Anrecht für die Beschäftigung durch Dritte gibt?

## INFORMATIONSARBEIT UND BEWUSSTSEINSBILDUNG

Nach wie vor ist Arbeitslosigkeit mit massiven Vorurteilen belastet. Die Betroffenen selbst empfinden sie in der Regel als soziale Ächtung, als Schande, die möglichst zu verbergen ist. Sie erfahren häufig eine Stigmatisierung.

Von großer Bedeutung ist es deshalb, sich für Bewusstseinsbildung einzusetzen und zu informieren. Im Gemeindeboten könnte auf zentrale Beratungsstellen, Informationsveranstaltungen und Selbsthilfeeinrichtungen hingewiesen werden. Denkbar wären thematische Gottesdienste bzw. Themenabende etwa über Jugendarbeitslosigkeit. In Frauenkreisen könnte das Thema Frauenarbeitslosigkeit u. Ä. behandelt werden. Fachleute könnten in die Gemeinde eingeladen werden. Gemeinden könnten sich als »Denkfabriken« mit Analysen und Lösungsansätzen befassen. Gemeindekreise könnten sich immer wieder damit befassen.

Im Rahmen einer ökumenischen Woche befassten sich die Gemeinde des Verfassers und die katholische Nachbargemeinde mit dem Sozialpapier der Kirchen, luden Politiker und Fachleute zum Gespräch ein.

## WAHRNEHMEN UND ACHTSAMKEIT

Hauptberufliche von den PfarrerInnen über Sekretärinnen bis zu JugendleiterInnen sollten eine Auge darauf haben, wo ihnen konkret von Arbeitslosigkeit betroffene Menschen begegnen, ebenso wie ehrenamtliche Verantwortungsträger wie KirchenvorsteherInnen und GruppenleiterInnen.

## »LOBBY«-FUNKTION IM BLICK AUF ÖRTLICHE BETRIEBE

Sinnvoll ist es, nicht erst dort zu beginnen, wo Erwerbslosigkeit zugeschlagen hat, sondern bereits im Vorfeld: Als Kirchengemeinde die Geschäftswelt im Gemeindebereich in den Blick nehmen, Kontakte knüpfen, aktive Gemeindeglieder auf dieses Thema hin ansprechen. In der Kirchengemeinde Nürnberg-Eibach bildete sich eine kleine Projektgruppe, initiiert von einem aktiven Gemeindemitglied, die sich zum Ziel setzte, Bewusstseinsbildung zu leisten für die Bedeutung der örtlichen Geschäfte und Betriebe, und um Gemeinde und Geschäftswelt miteinander ins Gespräch zu bringen. Dort wo sich Menschen begegnen und kennen, lässt sich auch leichter ein direkter Versuch starten, z. B. einem Jugendlichen eine Lehrstelle zu besorgen. Es ist wenig glaubwürdig, wenn seitens Kirche und Gemeinde von Betrieben Arbeitsplätze gefordert werden, ohne auch die Lasten, Sorgen und Zwänge der Betriebe und Geschäfte zu kennen.

## ZEICHENHAFT ERWERBSARBEIT SCHAFFEN

Gemeinden haben die Möglichkeit, zeichenhaft Erwerbsarbeit zu ermöglichen bzw. zu fördern.

- Durch Kollekten und Sammlungen kann ein konkreter Beitrag geleistet werden, Erwerbsarbeit zu ermöglichen. In der Evang.-Luth. Kirche in Bayern gibt es seit Jahren die Aktion 1 + 1. Diese Aktion ist mittlerweile nicht mehr wegzudenken aus dem Handlungsspektrum der Bayerischen Landeskirche. Jede gespendete Mark wird durch Haushaltsmittel verdoppelt. Eine Vergabekommission entscheidet über die Förderanträge. Haben Gemeinden eigene Stelleninitiativen, kann im Rahmen dieser Aktion gezielt dafür gespendet werden.

- In Kooperation mit entsprechenden kirchlichen Fachstellen und unter Einbeziehung des Arbeitsamtes können Gemeinden gerade auch im Blick auf schwervermittelbare Langzeitarbeitslose versuchen, Erwerbsarbeit im Rahmen der gemeindlichen Handlungsfelder zu schaffen. In der Kirchengemeinde Nürnberg-St. Lukas wurden so zwei Stellen geschaffen: die eine im Rahmen der Seniorenbegegnungsstätte »Lukas-Eck«, die andere als ABM-Maßnahme für die Leitung des offenen Jugendtreffs. Vereinzelt gibt es gemeindliche Initiativen auf Vereinsbasis z. B. Nürnberg-

Reichelsdorf (diese Initiative bekommt mittlerweile auch Bußgelder überwiesen), die sich zum Ziel gesetzt haben, die Finanzierung von Erwerbsarbeit zu ermöglichen. In Fürth hat der Verein »Kirchliche Beschäftigungsinitiative Fürth e. V.« ein Modellprojekt für gemeinnützige Leiharbeit aufgebaut, das auch von der Bayerischen Staatsregierung gefördert wird: Eine Sozialpädagogin vermittelt Sozialhilfeempfänger und Bezieher von Arbeitslosenhilfe in dezentrale Arbeitsverhältnisse innerhalb der Kirchengemeinden und der Diakonie. Damit eine Gemeinde in ihrem Bemühen nicht scheitert oder sich übernimmt, ist es erforderlich, mit Fachleuten zusammenzuarbeiten, die auch die entsprechenden Kontakte zu den Arbeitsämtern haben und bei Antragstellungen u. v. m. behilflich sein können.

■ Durch neue gesetzliche Rahmenbedingungen ist auch private Arbeitsvermittlung möglich. Gemeinden könnten Verträge mit dem Arbeitsamt auf Arbeitsvermittlung schließen. Sie erhalten dann eine Liste von Arbeitssuchenden. Besonders im Raum der eigenen Gemeinde könnte dann versucht werden, bei örtlichen Geschäften und Betrieben die Arbeitssuchenden zu vermitteln. Bei erfolgreicher Vermittlung zahlt das Arbeitsamt ca. 1000 bis 2000 €.

■ Denkbar wäre auch im Sinne von Coaching die Nachbetreuung von vermittelten Langzeitarbeitslosen. Dazu müsste die Gemeinde auf ehrenamtlicher Basis oder als ABM einen Coach bereitstellen.

■ Vor allem im ländlichen Raum könnte es hilfreich sein, wenn die Gemeinde Arbeitssuchenden einen Internet-Zugang ermöglicht. Die Arbeitsämter geben mittlerweile ja Stellenangebote in das Internet ein.

■ Einen nachahmenswerten Weg hat die Kirchengemeinde Nürnberg-Eibach eingeschlagen: Sie nutzt die tagsüber geöffnete Kirche als Lehrstellenbörse, wo örtliche Betriebe und Geschäfte Stellen für Eibacher Jugendliche anbieten. Das Arbeitsamt beteiligt sich mit Stellenangeboten. Hervorgegangen ist diese Idee aus einer Umfrage unter dem Thema »Gut versorgt in Eibach«, die im Rahmen eines Neujahrsempfangs Bürger, Handwerker und Einzelhändler zusammengeführt hatte. Dabei zeigten die Geschäfte und Betriebe ihr Interesse, Eibacher Jugendlichen Lehrstellen zu bieten, beklagten jedoch, nicht genügend an diese heranzukommen. So sieht sich die Kirchengemeinde in einer Vermittlerrolle gefordert zwischen den verschiedenen gesellschaftlichen Gruppen.

## 2.15. Begegnen – verstehen – annehmen: Ausländer

»Begegnen – verstehen – annehmen«, so lautete der Titel einer Mitarbeiterfibel Asyl von Diakonischem Werk und Caritas in Bayern aus den 80er-Jahren. Das war zu einer Zeit, wo die Wogen wegen der großen Zahl von Asylbewerbern hochschlugen. Wo es nur ging, suchte der Staat mehr oder weniger geeignete Häuser, um diese Menschen unterzubringen. Das Thema Asyl hat in den letzten Jahren an Brisanz verloren. Es gibt sie aber noch, die »Asylantenheime«, wie die Lager genannt werden. In vielen Gemeinden gab es Initiativen, die sich um die Menschen in den Asylberwerberunterkünften kümmerten. Schlagzeilen machten Aktionen des Kirchenasyls, wenn Gemeinden beschlossen, zum Schutz Einzelner im Fall drohender Abschiebung staatlichen Gesetzen zum Trotz Kirchenasyl zu geben. Kirchenasyl wird in diesem Kapitel jedoch bewusst kein Thema sein, da es als Baustein diakonischer Gemeindeentwicklung ungeeignet ist. Kirchenasyl ist ungeschriebenes Taburecht aus dem Mittelalter. Je weniger es in Anspruch genommen wird, desto besser, um den Tabu- und Schutzbereich »Heiligtum« zu erhalten – für Extremfälle.

Gemeinden sind in sehr unterschiedlicher Weise mit »Ausländern« konfrontiert. Im Bereich vieler Gemeinden ist der prozentuale Anteil gering.

Daneben gibt es Gemeindegebiete, in denen der Ausländeranteil zwei-stellige Prozentzahlen aufweist.

Keine Gemeinde jedoch, in deren Bereich nicht ausländische Mitbürger, in welchem Rechtsstatus auch immer, leben.

## BLITZLICHT EINER GEMEINDESITUATION

Im Stadtteil der Gemeinde, in der der Verfasser tätig ist, beträgt der Aus-länderanteil ca. 25 Prozent, dazu kommen noch zahlreiche Deutsche, die optisch als Ausländer erscheinen, weil die Kinder aus Mischbezie-hungen stammen. Der Kindergarten der Gemeinde wird von Kindern aus 10 bis 14 verschiedenen Nationen besucht. Die Leiterin wird nicht müde zu betonen, dass das für die Kinder überhaupt kein Problem ist, auch wenn sie in der ersten Zeit sich oft mit Händen und Füßen ver-ständigen müssen. Für Elterngespräche sind immer wieder Dolmetscher erforderlich. Neben den deutschen stellen die türkischen Kinder den größten Anteil. Schon zum zweitenmal wurde ein Vater aus dem Kon-go in den Kindergartenbeirat gewählt.

Es gibt Untersuchungen, die zeigen, dass türkische Eltern ihre Kinder vielfach lieber in einen evangelischen Kindergarten geben als in einen weltanschaulich neutralen: Sie möchten offensichtlich, dass ihre Kinder etwas von Gott erfahren und trotzdem in ihrer kulturellen Eigenart ak-zeptiert werden. Eine freie Elterninitiative für Kinderbetreuung wird von ausländischen Eltern gar nicht so angenommen, wie es zu erwarten wäre, weil den ausländischen Eltern in dieser Gruppe zu einseitig viele auslän-dische Kinder sind. Ihnen ist wichtig für ihre Kinder der normale Kontakt zu den deutschen Kindern. In Kindergruppen der Gemeinde sind auch immer wieder moslemische Kinder. Beim Krippenspiel wirkten wiederholt türkische Kinder mit. Der Jugendtreff wird von Jugendlichen verschie-dener Nationen besucht. Beim weihnachtlichen Schulgottesdienst erzähl-ten SchülerInnen, wie in ihren Ländern Weihnachten gefeiert wird. Zwei-mal im Jahr feiert die kleine finnische Gemeinde ihren Gottesdienst in der Kirche – Blitzlichter einer konkreten Gemeindesituation.

Von außen begegnet einer Gemeinde das Thema Ausländer durch Aktionen wie »Woche der ausländischen Mitbürger« oder »Tag des Flüchtlings«. Versteckte und offene Ausländerfeindlichkeit ist ein großes Problem in der deutschen Gesellschaft, keine Frage. Wie kann eine Kirchengemeinde darauf reagieren?

## DIE TAUFE: BOLLWERK GEGEN AUSLÄNDERFEINDLICHKEIT

Das grundlegendste Potential einer christlichen Gemeinde gegen Ausländerfeindlichkeit liegt im Wesen des christlichen Glaubens selbst: Durch die Taufe werden wir sozusagen zu einer weltweiten Familie, unabhängig von Rasse, Kultur und sozialer Schicht. Die christliche Weltfamilie kann vor Ort als Brückenkopf des menschenfreundlichen Gottes verstanden werden. Die Innenseite der Taufe ist die Aufnahme in diese weltweite christliche Großfamilie, ist die ausdrückliche Berufung und Beauftragung in die Nachfolge Jesu Christi. Die Außenseite der Taufe aber weist auf die Kostbarkeit jedes einzelnen Menschen vor Gott hin, gleich welcher Religion er angehört, gleich ob er irgendeines Glaubens ist oder nicht. Der Mensch wird nicht erst durch die Taufe für Gott kostbar und wichtig.

## DEM ALLTÄGLICHEN GEGENÜBER DEM BESONDEREN DEN VORRANG GEBEN – GEMEINDE HAT EIN GROSSES POTENTIAL

Nichts ist so wichtig wie das normale, alltägliche Begegnen. Vor allen besonderen Aktionen sollte der selbstverständliche, nachbarschaftliche Umgang miteinander stehen. Dafür hat jede Gemeinde ein großes Potential: *Eltern-Kind-Gruppen* könnten zur Beteiligung auch ausländische Mütter oder Väter einladen. *Kindergruppen* stehen auch Kindern offen, die nicht Mitglied der Gemeinde sind. Die *Kindergartenarbeit* ist in besonderer Weise eine Möglichkeit, Kontakt zu ausländischen Eltern zu bekommen. Beim *Sommerfest* des Kindergartens oder beim *Gemeindefest* gibt es kulinarische Köstlichkeiten aus den Herkunftsländern und Informationen, Präsentationen über die Herkunftsländer. Der *Elternbeirat* ist ein ideales Instrument, ausländische Eltern verantwortlich mit einzubeziehen. Zu *Freizeiten* werden über Schule oder persönliche Kontakte ausländische Kinder und Jugendliche mit eingeladen. Es könnte *Seniorenveranstaltungen* geben, zu denen ausländische Senioren eingeladen werden. In der *Erwachsenenbildung* können Themen bearbeitet werden, die sich mit Fragen wie Asyl, Einbürgerung, Flüchtlinge und Einblicke in andere religiöse und kulturelle Welten befassen. Was ich kenne, ängstigt mich nicht. Aktionen wie »*Woche des ausländischen Mitbürgers*« oder »*Tag des Flüchtlings*« können aufgegriffen werden. Das dafür jeweils bereitstehende Informationsmaterial ist eine gute Ressource für inhaltliche und organisatorische Vorbereitung und Durchführung. *Beratung, Hausaufgabenhilfe, Hilfe bei Behördengängen und dgl.* werden auch ausländischen MitbürgerInnen angeboten. Die *Diakoniestation* kann z. B. mit einem türkischen Prospekt und dem Angebot von Pflegeberatung in türkischer Sprache auf die große Zielgruppe türkischer MitbürgerInnen zugehen.

Von der Gemeinde könnten Impulse und Unterstützung ausgehen, dass Menschen z. B. aus einem bestimmten afrikanischen Land *Wege aus der Vereinzelung* finden und beginnen, sich zu treffen und zu formieren. Dort, wo sich im Bereich einer Gemeinde eine Unterkunft für Asylbewerber befindet, kann es sinnvoll und erforderlich sein, einen eigenen *Arbeitskreis* zu bilden. Vielleicht genügt aber auch eine *Beauftragte*, die den Kontakt pflegt und mit den Diensten, Lebensäußerungen und Veranstaltungen der Gemeinde verknüpft.

Auch sollten Kirche und Gemeinderäume für *Auslandsgemeinden* zur Verfügung stehen.

Es kann *Krisensituationen* geben, z. B. eine Flüchtlingswelle, wie es Anfang der 90er-Jahre mit den bosnischen Flüchtlingen der Fall war, die besondere, eigene Initiativen erfordern. Vom Allgemeinen zum Besonderen, das ist das eine Grundprinzip, damit verwandt ist das zweite für diakonisches Handeln grundlegende Prinzip:

»Mit statt für«: vor allem Ideen und Initiativen entwickeln und umsetzen, die ein Miteinander ermöglichen und stärken als Gegengewicht zur Einbahnstraße des Helfens, auf der man für andere etwas tut, ohne näheren Kontakt zueinander zu wollen.

## 2.16. »Gemeinde internationale«: Eine-Welt-Arbeit und Hilfstransporte

Kein Zweifel: Die Situation in den Entwicklungsländern ist seit den Umbrüchen in Ost- und Südosteuropa aus dem Blick geraten. Entwicklungshilfe, die Lage in Afrika oder Südamerika hat keine Hochkonjunktur. Hilfsaktionen für Russland, Rumänien, Bosnien u. a. standen in den letzten Jahren im Vordergrund. Die geographische Nähe, die Möglichkeiten direkter Hilfe, setzten enorme Hilfsbereitschaft frei. Demgegenüber scheint z. B. Afrika oder Südamerika weit weg. Hilfe ist fast ausschließlich nur indirekt über Spenden möglich. Die unübersehbare Zahl von Hilfsorganisationen, keineswegs alle seriös, haben zudem zu einem Vertrauenseinbruch geführt. Kirchlichen Hilfsorganisationen wird zwar insgesamt großes Vertrauen entgegengebracht, aber auch bei ihnen haben »Pannen« nicht gerade vertrauensfördernd gewirkt.

### GEMEINDLICHE INSTANZ WELTWEITER VERANTWORTUNG

Die weltweite Verantwortung kann und darf nicht nur Sache kirchlicher Entwicklungs-Agenturen und übergemeindlicher Institutionen sein. Es geht um die Frage, wie auch eine Kirchengemeinde im Rahmen ihrer Möglichkeiten ihrer weltweiten Verantwortung gerecht werden kann, in welcher Weise in einer Kirchengemeinde eine Instanz dieser weltweiten Verantwortung entwickelt werden kann. Entgegen dem allgemeinen Trend hat sich die Landessynode der Evang.-Luth. Kirche in Bayern 1995 mit »weltweiter Verantwortung« befasst.

Sie schlägt als konkrete Handlungsmöglichkeiten vor:

| | |
|---|---|
| Energie und Benzin sparen | gegen Unrecht protestieren |
| Fleischkonsum beschränken | |

| Müll vermeiden | in Gruppen mitarbeiten |
| Initiativen unterstützen | auf PolitikerInnen ein- |
| faire Produkte kaufen | wirken |

Auf der Grundlage des konziliaren Prozesses für Gerechtigkeit, Frieden und Bewahrung der Schöpfung wird im Einzelnen empfohlen:

sich z. B. mit den Papieren und Beschlüssen dieser Synodaltagung zu befassen und sich zu fragen:
- Was tun wir bereits?
- Wo gibt es Anregungen für unsere Arbeit?
- Was sollte bei uns geschehen?
- Wer könnte ein Aufgabe übernehmen?

## WIE KANN EINE GEMEINDE HEUTE IHRER WELTWEITEN VERANTWORTUNG GERECHT WERDEN?

Über viele Jahre hinweg waren sog. Dritte-Welt-Arbeitskreise (heute wird von »Einer Welt« gesprochen) die Instanzen weltweiter Verantwortung in Gemeinden und sind es vielfach noch heute. Durch ihre Aktionen in Verbindung mit den entsprechenden Organisationen wurde sehr viel geleistet hinsichtlich Bewusstseinsbildung und konkreter Hilfen. Ohne dieses Netz und dem Verkauf von »fair gehandelten Produkten« wäre es nicht gelungen, bis in die Supermärkte vorzudringen.

Wenn jedoch jeder Kirchengemeinde ein Stück weltweiter Verantwortung zukommt, dann kann die Wahrnehmung dieser Verantwortung nicht dem Zufall überlassen werden, ob sich ehrenamtliche oder hauptamtliche MitarbeiterInnen dafür engagieren, gerade in der oben skizzierten gesellschaftlichen Situation und Befindlichkeit.

*Beauftragte für weltweite Verantwortung*
Deshalb erscheint die Schaffung einer offiziellen Instanz weltweiter Verantwortung in der Gemeinde als sinnvoll.

Ein Weg dazu könnte die Berufung eines bzw. einer Beauftragten durch den Kirchenvorstand sein, analog zu Missionsbeauftragten oder Beauftragten für Erwachsenenbildung.

Um diese Beauftragte könnte sich ein kleines ständiges oder für bestimmte und begrenzte Aktionen gebildetes Team scharen.

Eine besondere Aufgabe bestünde darin, in und mit bestehenden gemeindlichen Institutionen, Kreisen und Gruppen handelnde und informierende Aktionen durchzuführen. Die Bandbreite möglicher Zielgruppen reicht vom Kindergarten bis zum Seniorenclub. Konkretes Handeln schafft Hoffnung und beflügelt zu weiteren Schritten.

*Gemeindeladen statt Eine-Welt-Laden*
Die Produktpalette fair gehandelter Produkte ist nach wie vor begrenzt, ein Grund dafür, dass Eine-Welt-Läden selten aus ihrem Schattendasein herausfinden.

Die Alternative dazu wäre eine Art »Gemeindeladen«, in dem es neben fair gehandelten Produkten auch christliche Literatur, Musik, sozial förderliche Spiele und Spielsachen, christliche Kunst und Kunsthandwerk geben könnte. *und Produkte aus WfB*

*Hilfstransporte*
Durch die Umbrüche in Ost- und Südosteuropa ist ein ganz neues Handlungsfeld auf Gemeinden zugekommen: Hilfstransporte.

Auf viele Jahre, vielleicht Jahrzehnte hinaus ist mit Verhältnissen zu rechnen, die unsere aktive Solidarität erfordern. Konkrete gemeindebezogene Hilfsaktionen können viel erreichen, gerade angesichts des Misstrauens, das viele Menschen den großen Hilfsorganisationen entgegenbringen.

Akute Notsituationen erfordern rasches Handeln und stoßen auf große, spontane Hilfsbereitschaft.

Je länger allerdings eine Notsituation andauert, desto schwieriger wird es sein, zu Spenden zu motivieren. Unmittelbarer Hilfe, mit konkretem Ziel und direkt hingebracht, wird großes Vertrauen entgegengebracht, das auf keinen Fall enttäuscht werden darf. Deshalb sollten einige auf Erfahrung beruhende Grundregeln eingehalten werden:

*1. Eine Gemeinde darf sich nicht übernehmen!*

Der Umfang der Hilfe muss sich unbedingt an den jeweiligen Möglichkeiten orientieren. Auf keinen Fall sollten Schulden gemacht werden, die Gabenkasse »geplündert« oder überzogen werden. Manche wohl gemeinte Hilfsaktion hat dadurch schon in einem finanziellen und persönlichen Fiasko für die Verantwortlichen und die Gemeinde gemündet. Niemals sollte mehr ausgegeben werden, als zur Verfügung steht, abzüglich einer gewissen Notreserve für Unvorhergesehenes.

*2. Gemeinden sind keine Hilfsorganisationen und sollen auch keine werden!*

Es ist mittlerweile Mode geworden, für jede neue Katastrophe oder Krisenlage neue Vereine zu bilden. Das ist zu vermeiden. Gerade eine Kirchengemeinde ist eine ideale Institution, um ohne rechtlichen Vorlauf schnell und flexibel zu handeln und ohne hinterher den Ballast eines weiteren Vereins am Hals zu haben.

*3. Beschaffung finanzieller und sachlicher Ressourcen:*

Beschließt die Gemeinde (Beschluss des Kirchenvorstands) eine Hilfsaktion, so kommt es zunächst darauf an, finanzielle und sachliche Ressourcen zu schaffen. Der Versuch lohnt sich, Transportkostenzuschüsse von kirchlichen oder staatlichen Stellen zu erhalten.

Ein Spendenaufruf ist erforderlich. Zu Sachspenden sollte aber nur aufgerufen werden, wenn Klarheit darüber besteht, was tatsächlich gebraucht wird. Es macht Sinn, die Öffentlichkeit nicht zu scheuen und sich an Presse und Rundfunk zu wenden. Auf Medikamenten-Sachspenden sollte verzichtet werden. Werden Medikamente benötigt, sollte unbedingt Rat eingeholt werden, z. B. von der Arzneimittelhilfe des Deutschen Instituts für ärztliche Mission in Tübingen. In vielen Fällen ist die Beschaffung im Projektland vorteilhafter. Falsche Packungsgrößen und Beipackzettel, die im Empfängerland nicht verstanden werden, können lebensbedrohliche Folgen haben. Bei Lebensmittelspenden ist unbedingt auf das Mindesthaltbarkeitsdatum zu achten unter Berücksichtigung der Dauer, bis eine Lieferung tatsächlich bei den Empfängern sein kann. Besondere Vorsicht ist auch bei Kleider- und Schuhspenden geboten. Damit wird man meistens überschüttet. Deshalb ist es wichtig, möglichst genau zu beschreiben, welche Art Kleider benötigt werden. Bei den Hilfstransporten der Gemeinde des Verfassers nach Bosnien wurden auch säckeweise Schuhe abgegeben. Benötigt wurden winterfeste Sachen, »großzügig« fand sich aber auch alles vom Stöckelschuh bis zur leichten Sandale. Gerade Kleider- und Schuhspenden werden von vielen als angenehme, ein gutes Gewissen verschaffende Entsorgungsmöglichkeit angesehen.

Auch bei Verpackungsmaterial (Karton, Euro-Paletten) sollte versucht werden, zumindest auf Spendenbasis diese z. B. bei Speditionen u. a. Firmen zu bekommen.

*4. In der Regel: Der Transport sollte nicht selbst durchgeführt werden.*

Viel Effektivität geht verloren, wenn jede Gemeinde oder Initiative den Transport selbst durchführen will. Deshalb ist die Zusammenarbeit mit der Johanniter-Unfall-Hilfe, einem Fachverband des Diakonischen Werks, zu empfehlen. Unwirtschaftlich ist es auch, für ein paar Pakete bzw. nur geringe Mengen eine

Fahrt durchzuführen. Es senkt die Transportkosten, bei geringen Mengen sich mit anderen zusammenzutun. Verpackung und Beschriftung der Hilfsgüter hat sorgfältig zu erfolgen.

5. Kontaktaufnahme mit der zuständigen Stelle des *Diakonischen Werks*.

6. Es ist auf ein *Transportprotokoll* bzw. *Fotodokumentation* zu achten, um über den Transport berichten zu können.

7. Die *Ankunft* der Hilfsgüter sollte schriftlich bestätigt werden, damit mit gutem Gewissen festgestellt werden kann: Die Hilfe hat ihr Ziel erreicht.

## EIN AKTIONSBERICHT

In einer Gemeinde, in der der Verfasser tätig war, ergaben sich Hilfstransporte als logische Konsequenz aus der Aufnahme von bosnischen Flüchtlingen in Räumen des Gemeindehauses. Es war unschwer festzustellen, wie sehr die Gäste in Sorge um ihre Angehörigen und Landsleute waren und dass sie etwas für sie tun wollten.

Es wurden insgesamt drei Hilfstransporte von der Gemeinde durchgeführt, jeweils im Herbst. Der Spendenaufruf zum ersten in Verbindung mit der Aufnahme der Flüchtlinge zeitigte eine enorme Resonanz. Innerhalb weniger Wochen kamen über 20 000 DM zusammen und das, obwohl nur gezielt in der Gemeinde dazu aufgerufen worden war, im Gemeindeboten, mit Kanzelabkündigungen und Handzetteln. Es wurde auch zu direkten Lebensmittel- und Kleiderspenden aufgerufen. Bei den Lebensmitteln wurde, nach direkter Rücksprache mit Stellen in Bosnien, genau angegeben, was benötigt wurde. Schulklassen beteiligten sich ebenso wie Arztpraxen und Apotheken. Zusätzlich wurden, vorher ermittelte, benötigte Medikamente eingekauft, insbesondere Infusionslösungen. Frauen aus Mutter-Kind-Gruppen sortierten und packten mit bosnischen Frauen die Kleiderspenden. Präparanden sortierten und packten, ebenfalls mit Hilfe der Gäste, die Sachspenden. Das diakonische Werk gab einen Transportkostenzuschuss. Ab dem zweiten Transport gab es auch Zuschüsse vom Auswärtigen Amt. Ca. 12 Tonnen waren die stattliche Bilanz dieser ersten Aktion. Von zwei Firmen erhielt die Gemeinde Kartons für die Lebensmittel, Medikamente und Kleider. Die Lebensmittel wurden nach Sorten gepackt, nicht gemischte Pakete. Sie füllten einen großen LKW, der im Rahmen eines Konvois der Johanniter-Unfall-Hilfe (JUH) nach Bosnien aufbrach, d. h., er fuhr aufgrund der Kriegslage bis Zagreb und übergab dort die Hilfsgüter, die für die Kinderhilfsorganisation Nasa Dijeca und das Krankenhaus in Tuzla bestimmt waren, an die bosnischen Hilfsorganisationen. Zwei der bosnischen Gäste begleiteten den Transport, ein für sie nicht ungefährliches Unternehmen. In den darauf folgenden zwei Jahren folgten zwei weitere Transporte, die vom Umfang her kleiner ausfielen. Einmal wirkten beim Einkauf und Packen Mitglieder des CVJM mit, beim dritten die Diakonische Gemeindejugend. Beim zweiten Transport kam es aufgrund der Kriegslage immer wieder zu Verzögerungen, und die JUH, diesmal als Einzeltransport unterwegs, musste mit dem Schiff ein Kriegsgebiet umfahren bis Split, um dann weiter zu einem großen Hilfslager der UNO bzw. der bosnischen Hilfsorganisation Merhammed zu gelangen, wo die Hilfsgüter übergeben wurden. Auch hier begleitete einer der bosnischen Gäste den Transport und wirkte als Dolmetscher und Vermittler. Alle drei Hilfslieferungen erreichten bestätigtermaßen ihre Bestimmungsziele in Tuzla. Natürlich hätte es auch schief gehen können. Ein Restrisiko bleibt unvermeidlich. Bei einer vierten Aktion – ganz anderer Art – ging es um das Überleben eines einzelnen Menschen: Die Schwester eines der bosnischen Gäste war mit ihrem Sohn von Tuzla nach Sarajevo mit einem LKW unterwegs. Durch Unachtsamkeit von Soldaten geriet das Fahrzeug in Brand und wurde zusätzlich von Serben beschossen. Dadurch kam die junge Frau zu spät aus dem LKW und erlitt schwerste Brandverletzungen, für die es kein Verbandsmaterial und Brandsalben gab. Innerhalb kürzester Zeit konnte in der Gemeinde das Erforderliche besorgt werden. Der Kreisbeauftragte der JUH Lauf kümmerte sich um eine Transportmöglichkeit mit dem Flugzeug nach Sarajevo. Das amerikanische Lufttransportkommando gab grünes Licht, die Medikamente beim nächsten Flug mitzunehmen. Wenige Stunden vorher starb die Frau. Damit wurde diese dramatische Aktion hinfällig.

Was hier in wenigen Sätzen berichtet wird, war mit vielen Hindernissen verbunden, insbesondere was den direkten Kontakt mit Bosnien anging. Fahrttermine wurden angesetzt und mussten kurzfristig wieder abgesagt werden, um dann wiederum kurzfristig zustande zu kommen. Es gab langwierige Versuche, telefonischen Direktkontakt zu bekommen. Zunehmend traten Schwierigkeiten an den Grenzen auf, insbesondere zu Slowenien und Kroatien, die mit Anhalten des Krieges von den Hilfstransporten nach Bosnien profitieren wollten und immer höhere bürokratische Hürden aufrichteten. Ohne gewisse »Gaben« für die Grenzer lief schließlich nichts mehr. Aber darüber schweigt des Sängers Höflichkeit besser. Intern gab es Eifersüchteleien zwischen zwei Bosniern. Schwierigkeiten gehören nun einmal dazu, insbesondere in solchen Krisensituationen. Die Hilfstransporte zeigten aber, dass eine Kirchengemeinde schnell, erfolgreich und wirkungsvoll auch in diesem Bereich ihrem diakonischen Auftrag gerecht werden kann.

## 2.17. Gemeinde als Anwalt für den Ort: Gesellschaftsdiakonie der Gemeinde

In den sechziger und siebziger Jahren gab es eine lebhafte Diskussion um die Frage, ob es gesellschaftliche bzw. politische Diakonie geben kann bzw. darf. Im Blick war die Gesamtkirche. Gesellschaftsdiakonie der Gemeinde blieb außer Betracht. Und so ist es auch heute noch. Die Stimme der Kirche werde immer weniger gehört in der Gesellschaft, wird geklagt. Völlig übersehen wird dabei, dass das gesellschaftliche Bedeutungs*potential* von Gemeinden für den Ort, für den Stadtteil in den letzten Jahren enorm gestiegen ist durch das Wegbrechen und den Rückzug anderer kleinräumiger gesellschaftlicher Größen. Eine Kirchengemeinde ist immer politisch (im Sinn von öffentlich), auch wenn sie ausdrücklich nicht politisch sein will. Durch das bloße Vorhandensein und dem, was in einer Gemeinde alles geschieht, hat sie gesellschaftliche, gesellschaftsdiakonische Bedeutung, und zwar allein schon durch das gemeindliche »Standardprogramm«. Entscheidungs- und Verantwortungsträger gesellschaftsdiakonischen Engagements der Gemeinde ist das gewählte Leitungsgremium, nicht die Überzeugung einer Einzelperson. Ein holzschnittartiger Blick auf das Neue Testament lässt erkennen: Die Spannung bleibt unaufhebbar. Jesus hat sich mit den Machthabern angelegt, nicht aus grundsätzlichen, sondern aus inhaltlichen Gründen. »Man muss Gott mehr gehorchen als den Menschen.« Auf der anderen Seite: »Gebt dem Kaiser, was des Kaisers ist«, »seid der Obrigkeit untertan«.

## FORMEN GESELLSCHAFTSDIAKONISCHEN ENGAGEMENTS DER GEMEINDE

Gemeinde sollte sich als *Anwalt* für den Ort, den Stadtteil verstehen. Aus diesem Selbstverständnis heraus lassen sich fünf Formen gesellschaftsdiakonischen Engagements ableiten:

1. Raum geben durch die Vermietung bzw. zur Verfügungstellung von Gemeinderäumen (z. B. für eine Bürgerinitiative, die sich gegen ein gigantisches Einkaufszentrum im Stadtteil wehrt, bzw. für eine Veranstaltung des städtischen Baureferats zum selben Thema).

2. Forum sein durch das Aufgreifen von Themen, Durchführen von Informations- und Diskussionsveranstaltungen.

3. Partei ergreifen durch die Unterstützung von Initiativen oder das Ergreifen eigener Initiativen.

4. Institutionelles Engagement für den Stadtteil z. B. durch Kindergarten, offene Jugendarbeit (Jugendtreff/Schülercafé), Seniorenbegegnungsstätte, Einzelfallhilfen des Pfarramts.

5. Netzwerk bilden durch das Knüpfen persönlicher Kontakte zu gesellschaftlichen Kräften und Einrichtungen im Stadtteil, Kontakte und Zusammenarbeit z. B. in einem Stadtteil-Arbeitskreis, mit Schule, Vereinen und zu Parteien. Öffentliche Präsenz zeigen und Stadtteilöffentlichkeit fördern. Sich nicht in eine selbst gewählte Nische gemeindlicher Selbstbeschränkung stellen.

# 3. Diakonie im Einzugsgebiet der Diakonie-Sozial-Station

## 3.1. Zwischen Herzstück und Herzinfarkt: die Diakonie-Sozial-Station

Gemeindediakonie und Diakoniestation ist für viele ein Synonym. Hauskrankenpflege galt als gemeindediakonische Aktivität schlechthin. Kaum eine Gemeinde, die nicht eine eigene Station hat, hatte oder zu einem Verbund gehört.

Zu dieser großen Bedeutung von Diakonie-Sozial-Stationen (DSST) ist es nur aufgrund gemeindlicher Initiativen gekommen. Bei vielen liegen die Wurzeln in der klassischen Gemeindeschwester, einer Diakonisse, vom Mutterhaus zum Dienst in einer Gemeinde ausgesandt. Die gemeindlichen Initiativen, die an der Wiege heutiger DSST standen, wählten in aller Regel die Rechtsform des gemeinnützigen Vereins. Im Zuge der Einführung der Pflegeversicherung 1995 steht diese Rechtsform zunehmend auf dem Prüfstand.

Die Einführung der Pflegeversicherung wurde seit über 20 Jahren gefordert und diskutiert. Ihre Einführung fiel jedoch mit verschiedenen Stufen der Gesundheitsreform zusammen und löste große Verunsicherung und hektische Aktivitäten aus.

Das Klima ist sehr rau geworden. Mangelnde Leistungsentgelte und Kürzungen in den vergüteten Leistungen bei Grund- und Behandlungspflege gefährden die Existenz vieler Stationen. Innerkirchlich stehen Diakoniestationen unter einem wachsenden Legitimationsdruck: Der Pflegemarkt erfordere Handlungsstrategien, durch die das spezifisch Diakonische verloren gehe. Viele sehen in der Bildung von gemeindeübergreifenden Großstationen das alleinige Heil für die Zukunft, die einzige Chance, um als diakonische Träger auf dem Pflegemarkt bestehen zu können. Ohne Zweifel gibt es in der Größe nach unten Grenzen, ab der eine Station den durch die Pflegeversicherung gesetzten Anforderungen nicht mehr gerecht werden kann. Schlichtweg falsch jedoch ist die phantasielose Meinung »je größer, desto besser«. Manche kleinen Stationen stehen heute besser da, als Großstationen, bei denen der Gemeinde- und Stadtteilbezug verloren gegangen ist. Erfahrungen zeigen: Bei Patientenzahlen über 100 Personen nimmt die Wirtschaftlichkeit wieder deutlich ab. Es gibt bereits Großstationen mit 150 Patienten, die wieder in kleinere Einheiten umgewandelt wurden.

Viele würden sich lieber ganz aus diesem originär christlichen Handlungsfeld zurückziehen, als sich den Herausforderungen zu stellen. Die Angst vor privaten Pflegediensten ist völlig unberechtigt, wenn die Verantwortlichen der Trägerorganisationen und die leitenden MitarbeiterInnen mit ihrem Team bereit sind, sich den Herausforderungen des Pflegemarkts zu stellen. Die Zukunft der DSST beginnt im Kopf aller Beteiligten. Für biedere diakonische Hausmannskost ist allerdings kein Platz mehr. Wer Angst vor Innovation hat und diese Angst mit dem diakonischen Mäntelchen verhüllt, »wir tun ja schon soviel Gutes«, wird zum Totengräber kirchlicher Hauskrankenpflege.

Das Stichwort Pflegemarkt ist bereits gefallen. In der Tat zielte die Pflegeversicherung auf die Schaffung eines marktwirtschaftlich orientierten Pflegemarkts ab. Der Zuschnitt der Pflegeversicherung trägt die Handschrift der mageren Jahre. Sie deckt keineswegs jedes Pflegerisiko. Sie ist, im Bild gesprochen, eine Teilkasko-, keine Vollkasko-Versicherung. Die oft erstaunlichen Mitgliederzahlen der diakonischen Trägervereine beruhen noch auf der nun überholten Vorstellung: Wenn ich Beitrag zahle, dann kommt die Gemeindeschwester auch zu mir. Das ist vorbei. Der Kunde ist König geworden. Pflege ist kein barmherziger Akt mehr, sondern eine Leistung, die sich an den Bedürfnissen des Kunden auszurichten hat. Und das ist auch gut so. Dieser Perspektivwechsel erscheint vielen als ein Verlust des »Diakonischen«, was auch immer darunter verstanden wird. Diese neue Kundenorientierung hat aber einen mittelalterlichen Vorläufer: Das Leitmotiv des Pflegeritterordens der Johanniter war »Die Herren Kranken«.

Heute muss eine moderne DSST im Rahmen der gesetzlichen Vorgaben Gewinn erwirtschaften. Es ist zu wenig, sich mit einem Null-auf-Null zufrieden zu geben oder dauerhaft mit Defizit zu arbeiten. Nur wer dort, wo es der Gesetzgeber vorsieht, auch tatsächlich Gewinn erwirtschaftet, bekommt den nötigen Spielraum für Innovationen und Investitionen im Kernbereich und in den Bereichen, die eben nicht durch Entgelte oder Zuschüsse ermöglicht und gefördert werden (»Diakonie-PLUS-Programm«).

Kein Zweifel: Wer im Bereich der Häuslichen Pflege Verantwortung trägt (Vorstände, ehrenamtliche oder hauptamtliche Geschäftsführungen, Stationsleitungen, MitarbeiterInnen), steht unter einem ungeheuren Druck. Seit Einführung der Pflegeversicherung und den verschiedenen Stufen der Gesundheitsreform verging kaum ein Monat, in dem sich nicht durch Ausführungsbestimmungen des Gesetzgebers und Maßgaben der Kassen Änderungen ergeben. Das Ringen mit den Kassen kann gegenwärtig vielfach geradezu als »Krieg« bezeichnet werden. Einengende, kostenrelevante Vorschriften steigern ständig den Verwaltungsaufwand. Fachleute schätzen, dass der Verwaltungsaufwand der Träger seit der Einführung der Pflegeversicherung um 40 % gestiegen ist. Zugleich wird im Bereich leistungsgerechter Entgelte gekürzt. Entgelte werden gestiegenen Aufwendungen jahrelang nicht angepasst oder Leistungen werden überhaupt gestrichen. Ziel scheint zu sein, professionelle Pflege zugunsten der Pflege durch Angehörige oder Hilfskräfte zurückzudrängen. Im stationären Bereich läuft das unter dem Stichwort: »satt und sauber«. Hinter dieser Entwicklung steht letztlich ein sehr grundsätzliches ethisches Problem: Der pflegebedürftige Mensch wird zunehmend nur als volkswirtschaftliche Belastung gesehen. Skandalös ist ein grundsätzlicher Systemfehler in der Anlage der Pflegeversicherung: Der für die Einstufung in die Pflegestufen verantwortliche Medizinische Dienst befindet sich in Händen der Pflegekassen. Noch nicht abzusehen sind die Folgen, wenn auch ambulante Dienstleistungen durch Krankenhäuser (Überleitungspflege) und kurze stationäre Behandlungen durch niedergelassene Ärzte möglich sind. Können sich daraus neue interessante Kooperationsformen entwickeln?

Eines jedoch steht außer Frage: Die an der Basis für ambulante Krankenpflege Verantwortlichen, Trägervertretungen, Geschäftsführungen und
Pflegedienstleitungen wünschen sich von ihrem Wohlfahrtsverband,
dem Diakonischen Werk, ein wesentlich offensiveres Auftreten gegenüber dem Gesetzgeber und den Kassen.

Worauf kommt es nun, abgesehen von Sozialmanagement und effektiver
Betriebswirtschaft, an, um eine Diakonie-Sozial-Station erfolgreich zu
führen? Die Stichworte dafür sind: Umfassendes Leistungsangebot,
zusätzliche Serviceleistungen, Diakonie-PLUS-Programm und ganzheitlicher Hilfeverbund.

## 3.2. Umfassendes Leistungsangebot

Der Vergangenheit müssen Sätze angehören wie: »Das machen wir
nicht«, »das haben wir nicht«, »das ist uns zu viel«, »wenden Sie sich wo-
anders hin«. Vorbei sind auch die Zeiten, wo eine Station vorwiegend nur
indirekt über Anrufbeantworter zu erreichen ist. Durch Kommuni-
kationsmittel auf der Basis von ISDN und Handy ist direkte Erreichbarkeit einer kompetenten Kraft möglich. Schnelle Reaktionsfähigkeit ist
nötig. Auch kurzfristig, z. B. zum Wochenende, ist die Übernahme einer
Pflege zu ermöglichen. Patienten und Angehörige müssen auf ein
umfassendes Leistungsangebot zurückgreifen können, damit sie zur
Gewährleistung von Hauspflege und allem, was dazugehört, nicht viele
verschiedene Anlaufstellen benötigen. Als Kern und Grundstandard
muss eine Station anbieten können:

- Grundpflege
- Behandlungspflege
- Pflegeberatung und
  Pflegekontrollbesuche für
  pflegende Angehörige
- hauswirtschaftliche Hilfen
- aktive Verhandlungshilfe
  gegenüber Kassen und
  Behörden

Darüber hinaus sollte möglich sein:

häusliche Intensivpflege: Versorgung und Begleitung von Schwer- und Schwerstkranken

spezialisierte Behandlungspflege (z. B. Schmerzbehandlung, künstliche Ernährung, u. U. Heimdialyse, Infusionen) Es ist keineswegs so, dass bei Pflegestufe III nur noch das Pflegeheim in Frage kommt. Die Möglichkeiten moderner Hauskrankenpflege sind heute viel größer als noch vor wenigen Jahren.

Kinderpflege
Ein Beispiel: Bei einem Konfirmanden-Eltern-Besuch erfuhr der Gemeindepfarrer von der Überforderung einer Familie, insbesondere der Frau, durch eines ihrer Kinder, das an den Rollstuhl gefesselt ist. Die räumlichen Gegebenheiten sind durch eine enge Wendeltreppe in den ersten Stock extrem ungünstig. Die pflegende Mutter stand vor der schier unlösbaren Situation, einerseits sich eines mehrwöchigen Krankenhausaufenthalts unterziehen zu müssen, andererseits ihr Kind nicht unversorgt lassen zu können. Der Pfarrer besprach sich mit der Stationsleitung. Diese machte einen Hausbesuch und übernahm die Versorgung des Kindes morgens bereits um 6 Uhr. Sie verhandelte auch erfolgreich mit den Kostenträgern.

Essen auf Rädern
In der Regel sollte Essen auf Rädern als Warmverpflegung angeboten werden, da diese sich größerer Beliebtheit erfreut als Tiefkühlkost. Dazu wird sich eine Station einen Kooperationspartner in Form eines Caterers suchen. Aus Gründen der Wirtschaftlichkeit bietet sich gerade auch hier Kooperation mit anderen Stationen an.

### 3.3. Zusätzliche Serviceleistungen

Ergänzende Serviceleistungen könnten und sollten sein:

**Kurs- und Bildungsangebote**
Eine Station sollte marktgerecht Kurse anbieten, die die soziale Tragfähigkeit pflegender Angehöriger steigert. Im Vordergrund steht hier der Kurs »Häusliche Krankenpflege«.

Kassen übernehmen unter bestimmten Bedingungen die Kursgebühren für pflegende Angehörige. Voraussetzung ist aber insbesondere, dass die unterrichtende Pflegefachkraft einen entsprechenden Qualifikationskurs absolviert hat und Kursumfang und Kursinhalt sich an die Rahmenvorgaben der Kassen hält. Die Kursgebühr sollte zumindest kostendeckend kalkuliert werden. Da die Nachfrage nach diesen Kursen im Einzugsbereich einer Station in der Regel nicht so hoch ist, dass laufend derartige Kurse angeboten werden müssten, ist auch hier Kooperation mit anderen Stationen ratsam, indem man sich bei der Ausbildung einer Unterrichtsschwester miteinander abstimmt.

Denkbar sind auch punktuelle, zeitlich begrenzte Informationsveranstaltungen für pflegende Angehörige oder niedergelassene Ärzte.

**Pflegehilfsmittel**
Bei einem Klausurtag, den Geschäftsführung und Stationsleitung mit einem Unternehmensberater zum Thema Kostenreduktion durchführten, zeigte sich, dass das Vorhalten und Verleihen eigener Pflegehilfsmittel gänzlich unwirtschaftlich ist. Auf der anderen Seite ist es unverzichtbar, dass die Station Anlauf und Vermittlungsstelle für den Verleih von Pflegehilfsmitteln ist. Deshalb wurde im vorliegenden Fall der Weg der Kooperation mit einem Sanitätsfachgeschäft gewählt.

Zusätzliche Serviceleistungen – der Phantasie sind dabei (fast) keine Grenzen gesetzt – können auch ein Weg sein, die Ertragssituation zu verbessern:

- Wochenend- und Stundenpflege: pflegenden Angehörigen die Möglichkeit bieten, Pflege stundenweise oder übers Wochenende zu übernehmen, damit mal in Ruhe eingekauft oder ein Wochenende verreist werden kann.

- der Friseur, der ins Haus kommt

- die über die Station eingesetzte oder vermittelte Fußpflegerin

- Waschen der Wäsche

- das Kümmern um die Haustiere

- Wohnungsauflösungen

- Urlaubsvermittlung und Reisebegleitung für Pflegebedürftige (und ihre Angehörigen), Begleitung zu kulturellen Veranstaltungen

- Hausnotruf

All das sind zum Teil schon praktizierte Ideen zusätzlicher Serviceleistungen einer Station.[10]

## 3.4. Diakonie-PLUS-Programm: von Seelsorge bis zur »sister nova«

Kirchliche Stationen brauchen ein *Diakonie-PLUS*-Programm! Stationen stehen heute unter großen wirtschaftlichen Zwängen. Das ist so und jammern hilft nicht. Die Zeiten sind vorbei, wo eine Pflegekraft nach der Pflege noch gemütlich beim Patienten oder seinen Angehörigen einen Kaffeeplausch hält. Um so wichtiger sind deshalb Angebote und Leistungen, durch die sich eine Diakoniestation qualifiziert und profiliert von kommerziellen Anbietern unterscheidet.

## SEELSORGE

Seelsorge beginnt nicht erst beim Pfarrer, bei der Pfarrerin, sie ist zunächst auch Sache der Pflegekraft selbst im Rahmen ihrer durch Tourenplan und Wirtschaftlichkeit vorgegebenen Möglichkeiten.

Die Bedeutung dieser »Alltagsseelsorge«[11] ist viel wert und sollte nicht unterschätzt werden. Damit sollte sie aber nicht zu Ende sein. Viel zu wenig wird durch Vernetzung bisher das seelsorgerliche Potential einer Gemeinde, insbesondere in Gestalt ihrer seelsorgerlichen Fachkräfte, genutzt. Hier besteht die Aufgabe, die Kommunikationsstrukturen so zu entwickeln, dass Seelsorge zuverlässig von den Patienten in Anspruch genommen werden kann, die es wünschen. Gemeinsame Dienstbesprechungen zwischen den MitarbeiterInnen einer Station und den Hauptamtlichen einer Kirchengemeinde, Festlegung zuverlässiger Informations- und Kommunikationswege und Kenntnis der jeweiligen Strukturen sind dazu hilfreich.

Zum Horizont von Seelsorge gehört auch das ganze Feld liturgischer Diakonie wie Krankenabendmahl, Salbung, Segnungsgottesdienste, Valetsegen bis hin zur Aussegnung, Bestattung und Trauernachsorge.

## STERBEBEGLEITUNG

Sterbebegleitung setzt sich aus pflegerischer und seelsorgerlicher Begleitung der Patienten und ihrer Angehörigen zusammen. Viele Menschen kommen am Schluss aus Hilflosigkeit der Angehörigen ins Krankenhaus, manche können zu Hause im Kreis ihrer Angehörigen sterben, und sehr viele würden dies gerne. Die Möglichkeit zur Sterbebegleitung sollte zum Standard einer Diakoniestation gehören.

Dazu bedarf es der Schaffung fachlicher und organisatorischer Voraussetzungen. Am Anfang könnte eine Fortbildung für Sterbebegleitung für MitarbeiterInnen der Station stehen; ideal wäre es, wenn daran auch Hauptamtliche und Ehrenamtliche seitens der Kirchengemeinde teilnehmen würden. In einer zweiten Stufe könnte ein Kurs für Sterbebegleitung für Interessierte angeboten werden, aus dem sich ein Kreis bilden könnte mit der Bereitschaft, Sterbebegleitung zu leisten. So würde in einer dritten Stufe sich eine Dienstgemeinschaft für Sterbebegleitung bilden können.

## PATIENTENCAFÉ – UND ANDERE HILFEN ZUR BEGEGNUNG

Dort, wo Patientencafés oder ähnliche Veranstaltungen durchgeführt werden, finden sie großen Anklang. Sie erfordern allerdings einen erheblichen Organisationsaufwand.

Ideal wäre es, wenn die MitarbeiterInnen bei Organisation und Durchführung von Patientencafés von ehrenamtlichen Kräften unterstützt würden. Nötig ist ein geeigneter Saal, Fahrdienst, Speis und Trank und ein inhaltliches Angebot. Derartige Veranstaltungen sind eine ausgesprochen wichtige Sache, um Patienten für einige Stunden aus ihrer häuslichen Isolierung zu holen. Denkbar wären auch speziell begleitete *Patientenausflüge* oder der *Besuch kultureller Veranstaltungen*. Warum nicht auch Patienten die *Teilnahme an Gottesdiensten, am Gemeindefest o. Ä. ermöglichen*? In manchen Gemeinden gibt es auch *eigene Gottesdienste für Patienten und Angehörige*, die von den Mitarbeitenden der Station mitgestaltet werden.

## PFLEGETAG

Sicher wird nicht für jede Station institutionalisierte Tagespflege in Frage kommen. Es gibt aber auch kleinere Lösungen wie die eines monatlichen *Pflegetages*. An einem Tag des Monats werden Patienten am Morgen in die »Tagespflege« abgeholt oder gebracht. Sie verbringen dort, gepflegt und versorgt, den Tag mit anderen, erhalten Anregungen und Förderung, etwa durch beschäftigungstherapeutische Angebote.

## FAHRDIENST

Gerade für die Hilfen zur Begegnung ist es sehr hilfreich, wenn die Station einen möglichst rollstuhlgerechten Kleinbus zur Verfügung hat. Hier könnten sich auch Gemeinde und Station zusammentun, um gemeinsam einen Bus zu betreiben bzw. sich kostengünstig gegenseitig zur Verfügung zu stellen. Nur ein Fahrzeug, das viel genutzt wird, ist ein gutes Fahrzeug. Eine kostengünstige Beschaffungsmöglichkeit ist ein Werbeträger-Bus. Es gibt Werbefirmen, die darauf spezialisiert sind. Kommen genügend Werbeaufträge für den Bus zusammen, dann wird der Bus kostenlos zur Verfügung gestellt, abgesehen von den Betriebskosten und Versicherungen. Üblicherweise wird eine Werbefläche für die Einrichtung kostenlos reserviert. Allerdings: Auch wenn ein Vertrag mit der Werbefirma abgeschlossen ist, kann man nicht ganz sicher sein, ob der Werbebus realisiert wird, denn das hängt von der erforderlichen Akquisition von Werbeaufträgen ab. Von der Station bzw. Gemeinde wird dabei Unterstützung erwartet, z. B. in Form eines Empfehlungsschreibens an Firmen.

## SOZIALBERATUNG UND SOZIALANWALTSCHAFT

Eingangs wurde betont: Für eine Diakoniestation darf es kein grundsätzliches »Unzuständig« geben. Gerade die, die auf soziale Hilfen angewiesen sind, sind überfordert, sich im Dschungel der Hilfsmöglichkeiten, Institutionen und Einrichtungen zurechtzufinden. Die Station wäre eine ideale Anlaufstelle, um schnell, direkt und persönlich Informationen abzurufen. Es gibt in unserer Gesellschaft eine schier unüberschaubare Fülle von Hilfsmöglichkeiten. Um diese zu bekommen, ist allerdings meistens erst ein Hindernislauf durch Anlaufstellen, Anträge, Nachweise und Formulare erforderlich. Ideal wäre es deshalb, wenn eine Station nicht nur über Informationsressourcen verfügt, sondern auch über Kräfte, die den Hilfesuchenden behilflich sind beim Hindernislauf. Hier ließen sich Kooperationsformen mit Pfarrämtern entwickeln, die ja auch eine Anlaufstelle für Menschen sind, die praktischen Rat benötigen. Aus der Kooperation könnte so etwas wie eine Gemeinderezeption entstehen. Das könnte auch ein Aufgabenfeld einer ehrenamtlichen diakonischen Dienstgemeinschaft sein.

## PFLEGE DER PFLEGENDEN

Angehörige leisten oft Enormes bei der Pflege. Ein eigenes Aufgabenfeld ist das, was den schönen Slogan »Pflege der Pflegenden« trägt: Entlastungs- und Unterstützungsmöglichkeiten für pflegende Angehörige schaffen: z. B. durch das schon erwähnte Angebot von Stunden- und Wochenendpflege, um Angehörigen die Möglichkeit zu bieten, einmal in Ruhe einzukaufen oder ein freies Wochenende zu haben. Gleiches gilt natürlich auch für Urlaube. *Gesprächsgruppen* ermöglichen den Austausch, das Teilen der Sorgen und Mühen. Die Angehörigen erfahren, wie es anderen in der gleichen Situation geht und wie sie diese bewältigen. Gezielte, kurze *Fortbildungsangebote* fördern und stützen die Pflege durch Angehörige.

## FAMILIENHILFE

Pflege brauchen oft nicht nur alte Menschen, sondern auch Kinder, sei es durch akute oder chronische Erkrankungen, sei es infolge von Behinderungen. Die Anstellung einer eigenen Familienhelferin ist für die meisten Stationen wirtschaftlich nicht machbar. Hier bietet sich die Chance der Kooperation mit anderen Stationen, um gemeinsam dies zu ermöglichen.

## EHRENAMTLICHE DIENSTGEMEINSCHAFT

Viele notwendige und sinnvolle Dienstleistungen gerade im Blick auf ein »*Diakonie-PLUS*-Programm« werden nur durch ehrenamtliches Engagement möglich sein.

Allen Unkenrufen zum Trotz: Viele Menschen sind bereit, sich gerade im sozialen Bereich zu engagieren. Ehrenamtliches Engagement braucht gute Begleitung, Fortbildungsmöglichkeiten, stabile Strukturen und angemessene, zugeschnittene Handlungsfelder, damit Ehrenamtliche von ihrem Engagement profitieren. In Gemeinden besteht die Gefahr der Zersplitterung ehrenamtlichen Engagements: da ein Grüppchen, dort eine Tätigkeit. Um dies zu vermeiden, ist die Bildung einer ehrenamtlichen Dienstgemeinschaft sinnvoll, die je nach Lage der Interessen und Fähigkeiten in verschiedenen Handlungsfeldern aktiv ist, aber auch Raum bietet für Geselligkeit, Gruppenidentifikation und qualifizierte Begleitung. In einem hoch entwickelten Szenario könnte eine derartige

Dienstgemeinschaft von einer z. B. sozial-pädagogischen Fachkraft begleitet werden.

## WIEDERGEBURT DER »GEMEINDESCHWESTER« IN NEUER GESTALT

Gemeindeübergreifende Zusammenschlüsse zu Großstationen werden zunehmen bzw. sind bereits erfolgt. Dort, wo schon jahrelang gemeindeübergreifend gearbeitet wird, zeigt sich, dass es trotz aller guten Vorsätze zum Verlust von Gemeindebezug kommt. Zudem erreichen Großstationen einen geringeren Teil potentieller Kunden, als dies bei gut entwickelten, Gemeinde und Stadtteil bezogenen und darin verankerten Stationen möglich ist. Ein wirtschaftlicher Tourenplan kann auf Gemeindegrenzen wenig Rücksicht nehmen.

Um dem entgegenzuwirken und einen konkreten Beitrag zum diakonischen Profil zu leisten, starteten 2001 die Johanniter-Unfall-Hilfe und die Evangelische Kirchengemeinde Nürnberg-St. Lukas das Modellprojekt »sister nova«.

## MODELLPROJEKT »SISTER NOVA«

Der Grundgedanke ist einfach: Eine Pflegekraft soll mit ca. $1/3$ ihrer Arbeitszeit nicht abrechenbare Leistungen erbringen: Zeit für Gespräche und Besuche haben bei Patienten und Angehörigen und auch Menschen, die gar nicht gepflegt werden. Sie pflegt Kontakt zu Ärzten. Sie wirkt mit bei Aufbau und Begleitung eines gemeindebezogenen ehrenamtlichen Helferkreises (diakonische Dienstgemeinschaft). Diese Kraft ist Teil der stadtteilübergreifend arbeitenden Sozialstation der JUH und von dieser auch angestellt. Die Tourenplanung wird aber so umgestellt, dass sie schwerpunktmäßig im Gemeindegebiet von St. Lukas pflegen wird. Dort wird sie auch zuständig sein für Pflegeberatung und Pflegekontrollbesuche.

Zugleich aber wird sie gottesdienstlich als Gemeinde- und Stadtteilschwester eingeführt, nimmt an gemeindlichen Dienstbesprechungen teil und bekommt im Pfarramt eine Anlaufstelle mit eigener Nummer, die auf Handy bzw. Sozialstation umgeleitet werden kann. Sie wird mit der Altentagesstätte der Gemeinde zusammenarbeiten und in der Gemeinde präsent sein. Die Idee dieses Projekts fand so viel Anklang, dass es für die dreijährige Projektphase Fördermittel vom Dekanatsbezirk und vom Stadtteilerneuerungs-Programm »soziale Stadt« erhalten hat. Mit einer offensiven Öffentlichkeitskampagne (z. B. durch Postwurfsendungen, Plakate und ein entsprechend auffallendes Dienstfahrzeug) soll »sister nova« im Bewusstsein der Menschen der Gemeinde und des Stadtteils verankert werden. Die Erwartung ist die, dass der »Pflegemarkt« diesen persönlichen und gemeindlichen Bezug und das Erbringen nicht abrechenbarer Leistungen durch hohe Akzeptanz honoriert und sich »sister nova« auf Dauer (auch in Verbindung mit dem Verkauf zusätzlicher Serviceleistungen der JUH wie Hausnotruf oder Essen auf Rädern) wirtschaftlich durchhalten lässt.

Für die Projektphase gibt der Gemeindeverein St. Lukas eine Anschubfinanzierung. Dieses Projekt steht und fällt mit dem Finden einer geeigneten Pflegekraft, sind doch neben fachlicher Kompetenz bei ihr aktiver Glaubens- und Gemeindebezug, hohe kommunikative Kompetenz und Innovationsfreude gefragt.

## 3.5. Von der Diakonisse zum gemeindezentrierten Hilfeverbund

Die klassische Gemeindeschwester, zumeist als Diakonisse, leistete sozusagen alles aus einer Hand: Sie pflegte, besuchte, beriet und half. Sie machte Sitzwachen bei Sterbenden, organisierte die entstehenden Diakoniestationen, half da und dort aus. Einige Jahre konnte der Verfasser sie in seiner Gemeinde noch kennen lernen und erleben: Schwester Anni war eine Institution in der Gemeinde. Sie wurde geschätzt und geliebt. Pfarrer kamen und gingen. Aber Schwester Anni war da, bis in ein Alter, in dem andere schon längst im Ruhestand sind. In ihre Zeit fielen die Anfänge der Diakoniestation, deren Aufbau sie wesentlich leistete und prägte.

Wenn Not an der Frau war, sprang sie auch im Altenheim als Leiterin ein. Für mehrere Jahre hatte sie dort ihre Wohnung. Eine beeindruckende Frau, frei von enger Frömmelei, aber tief gläubig, dabei mit beiden Beinen im Leben stehend, nüchtern und praktisch. 20 Jahre wirkte sie in der Gemeinde, bis sie mit fast 70 Jahren ins Mutterhaus zurückgerufen wurde. Ganzheitliche Pflege, ganzheitlicher Dienst, vereint in einer Person. Der Auftrag zur Pflege aber bleibt bestehen, er ist ja so etwas wie der Grundstoff jeder Gemeindediakonie.

Die Zukunft aber gehört weder der herkömmlichen Diakoniestation noch der herkömmlichen stationären Kranken- und Altenpflege.

Die Zukunft gehört dem ganzheitlichen Hilfeverbund, bestehend aus einem Netz ambulanter und stationärer Hilfen und Dienstleistungen. Die neuesten sich abzeichnenden Entwicklungen lassen es auch ratsam erscheinen, Kooperationen mit Krankenhäusern einzugehen.

Kann das alles von einer Gemeinde geleistet werden? Beim gegenwärtigen gemeindediakonischen Entwicklungsstand wohl von den wenigsten, bei entsprechender diakonischer Gemeindeentwicklung aber von wesentlich mehr, als man geneigt ist anzunehmen. Das gesellschaftspolitische Primat: ambulant vor stationär kommt ja gemeindezentrierter Diakonie entgegen. So förderte ein Bundesprogramm stadtteilnahe, ganzheitliche, mit einander vernetzte Dienste. Nirgendwo ist das Potential für dieses Ziel größer als in Kirchengemeinden. Allerdings, Chancen können genutzt werden, sie können aber auch vertan werden. Zu was Kirchengemeinden in der Lage sind, zeigt das Beispiel des Diakoniezentrums einer Nürnberger Gemeinde. Das Gemeinde- und Diakoniezentrum Mögeldorf umfasst u. a. neben Diakoniestation, Kurzzeitpflege, Tagespflege, Sonderpflegestation auch eine Hospizstation. Rechtlicher Träger ist der Gemeindediakonieverein.

Für kleinere bzw. kleine Gemeinden, auf dem Land zumal, stellt sich die Frage, wie sie sich in einen derartigen Hilfeverbund einbringen können.

Die Einführung der Pflegeversicherung hat zu einem hektischen Schub von Vereinigungen und Zusammenschlüssen im ambulanten Bereich geführt. Dies geschah zumeist ohne gemeindeorientiertes Konzept, diktiert allein von Überlebensangst. Die Gefahr, dass dadurch auch die Kranken- und Altenpflege letztlich aus der Gemeinde auswandert, ist in hohem Maß gegeben bzw. schon weithin geschehen.

Ambulante Pflege, Kurzzeitpflege, Tagespflege, diverse Seniorenwohnformen (z. B. Betreutes Wohnen) und alles, was dazugehört, leben von ihrer Stadtteilnähe, von ihrer Ortsnähe, von ihrem tatsächlichen oder möglichen Gemeindebezug. Die Bereitschaft, auch bei offenkundiger Notwendigkeit z. B. eine Kurzzeitpflegeeinrichtung in Anspruch zu nehmen, sinkt steil ab, je weiter diese Einrichtung vom Wohnort, vom Stadtteil entfernt ist. Gleiches gilt für Tagespflege, bei der ja noch die tägliche An- und Abfahrt dazukommt und den Radius weiter verringert.

Die unten stehende Graphik veranschaulicht das Ideal gemeindezentrierter Kranken- und Altenpflege im Rahmen eines umfassenden Hilfeverbundes. Es bleibt dabei offen, was von einer Kirchengemeinde allein oder in Kooperation geleistet werden kann. Bei Kooperationen sollte dabei nicht nur an Zusammenarbeit mit anderen Trägern von Diakoniestationen gedacht werden, sondern auch z. B. an übergemeindliche Träger etwa von Pflegeheimen oder Krankenhäusern.

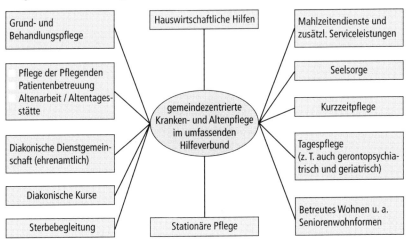

## 3.6. Bestandteile eines Hilfeverbundes – teilstationäre Einrichtungen bzw. Seniorenwohnformen

Im Folgenden werden nun als mögliche Bestandteile eines umfassenden Hilfeverbundes einige teilstationäre Einrichtungen bzw. Seniorenwohnformen beschrieben. Diese Einrichtungen bedeuten allerdings für einen Träger ein hohes finanzielles Risiko aufgrund der nötigen Investitionen, mangelnder und oft bürokratisch verschleppter Kostenerstattung und mangelnder bzw. schwankender Auslastung.

### 3.6.1. Tagespflege (und Nachtpflege)

Tagespflege ist für Menschen gedacht, bei denen eine ausschließlich häusliche Pflege zu wenig und stationäre Pflege zu viel wäre. Sie will pflegenden Angehörigen Entlastung bieten. Es besteht ein wachsender Bedarf bei gleichzeitig zurückgehendem Platzangebot aufgrund der wirtschaftlichen Risiken.

Denkt ein Träger an die Einrichtung einer Tagespflege, so ist zunächst eine gründliche Bedarfsermittlung nötig: Alters- und Sozialstruktur im Einzugsgebiet, andere Einrichtungen, Kontaktgespräche mit Kassen und Behörden. Ob eine Tagespflegestation angenommen wird, hängt wesentlich von der Wohnortnähe und von ihrer Vernetzung in einem Hilfeverbund ab. Als ungefährer Richtwert gilt, dass die Fahrzeit nicht über 30 Minuten liegen soll. Bei Untersuchungen zeigte sich, dass erfolgreiche Tagespflegeeinrichtungen sich zumeist durch vielfältige Kooperationen und Vernetzung mit anderen Versorgungsinstitutionen auszeichnen. Daran zeigt sich aber auch, welche Chancen für Gemeinden bestehen, Tagespflege in Angriff zu nehmen. Nirgendwo ist das ganzheitliche Potential größer als in einer Kirchengemeinde. Die Mehrheit der Tagespflegestationen werden allerdings bisher von stationären Einrichtungen getragen.

Tagespflege beinhaltet für sich ein differenziertes Leistungsspektrum: grundpflegerische Leistungen, Behandlungspflege, therapeutisch-rehabilitative Maßnahmen, aktivierendes Training, Beratung.

Bedarfsgerechte Öffnungszeiten bedeuten, dass die Einrichtung mindestens an fünf Tagen von 8 bis 16 Uhr geöffnet sein muss. Vorteilhaft wäre eine Art Gleitzeit im Blick auf berufstätige Angehörige. Ideal wäre natürlich eine Öffnung auch an Wochenenden. Angeboten werden muss ein Fahrdienst, sei es in eigener Regie, sei es in Zusammenarbeit mit externen Anbietern. Die eingesetzten Fahrzeuge müssen einen gewissen Standard aufweisen: Standheizung, Trittbretter, Haltegriffe, Autotelefon, zusätzliche Blinkleuchten, Radio. Ideal wäre natürlich ein Fahrzeug mit Hebebühne für Rollstühle. Von nicht zu unterschätzender Bedeutung sind aktivierende und kommunikative Angebote. Darin kann sogar der eigentliche Wert und Bedeutung der Tagespflege liegen: BesucherInnen fühlen sich insgesamt lebensfroher und aktiver. An Mahlzeiten sollten Frühstück, Mittagessen und Kaffeetrinken auf jeden Fall angeboten werden. Manche Einrichtungen haben auch Abendessen im Angebot. Tagespflege möchte pflegende Angehörige entlasten. Deshalb ist eine intensive Kontaktarbeit nötig, wo es um Beratung, gegenseitige Informationen und informelle Kontakte geht (z. B. Teilnahme am Kaffeetrinken oder bei Ausflügen).

Der Nutzervertrag sollte umfassen: Leistungsangebot, Leistungsentgelt, Besuchstage, Kündigungsfristen und Haftung. Tagespflegeeinrichtungen müssen gewisse bauliche Rahmenbedingungen vorweisen. Das Raumkonzept ist auf ca. 10 bis 15 Nutzer ausgelegt. Erforderlich ist insbesondere ein Aufenthaltsbereich, der sich aus Ess- und Aufenthaltsraum, Therapieraum und einem Wohnraum zusammensetzt. Hinzu kommen Küche, Sanitärräume und diverse Nebenräume. Die Räume sind alten- und rollstuhlgerecht nach den DIN-Normen zu gestalten. Wünschenswert sind auch Außenanlagen und ebenerdige Erschließung. Der Richtwert für den Personalschlüssel liegt bei 1 : 4. Erforderlich ist ein Personal-Mix aus Fachpersonal und Hilfskräften.

Nachtpflege macht es möglich, dass Menschen tagsüber in ihrem eigenen Lebensumfeld bleiben und nur für die Nacht in eine Einrichtung gehen und dort betreut werden.

## 3.6.2. Kurzzeitpflege

Kurzzeitpflege ist zeitweilige stationäre Pflege nach Krankenhausaufenthalt oder um pflegenden Angehörigen Urlaub oder Kur zu ermöglichen, sie bei eigener Krankheit zu entlasten oder um einen vorübergehend zu Hause nicht leistbaren Pflegebedarf zu ermöglichen. Kurzzeitpflege ist eine wesentliche Komponente im Hilfeverbund. Sie ist ein wesentlicher Baustein, um das Generalziel: ambulante, häusliche Pflege vor stationärer Pflege zu stärken und zu erreichen. In den letzten Jahren haben die Kurzzeitpflege-Einrichtungen laufend zugenommen. Waren diese in den ersten Jahren noch häufig an Heime angeschlossen oder innerhalb von Heimen als einzelne Plätze angeboten, so zeigt sich bei neuen Projekten, dass Kurzzeitpflege immer häufiger mit teilstationärer Tagespflege und sozialpflegerischen Diensten kombiniert wird.

Dem weiteren Ausbau der Kurzzeitpflege hin zu einem flächendeckenden Netz stehen allerdings Probleme gegenüber: schwankende Auslastung, konzeptionelle Unsicherheiten, Zunahme schwerpflegebedürftiger Gäste, unzureichende Finanzierung. Ein gravierendes Problem ist die schwankende Auslastung. Ursachen dafür sind nicht nur der Preis und saisonale Schwankungen, sondern auch oft zu starre Angebotsstrukturen. Allerdings zeigen Kurzzeitpflegestationen in Verbindung mit ambulanter Pflege eine deutlich bessere Auslastung als Kurzzeitpflegen, die an eine stationäre Einrichtung angeschlossen sind. Vorteilhaft für eine gute Auslastung sind Einzelzimmer, Sonderkonditionen bei Mehrfachnutzung innerhalb eines bestimmten Zeitraums, Stammkunden durch erleichtertes Aufnahmeverfahren entgegenzukommen (telefonische Platzreservierung, Zimmerwünsche u. Ä.), Kurzzeitpflege auch über das Wochenende anzubieten.

Auch für Kurzzeitpflege gilt das im Kapitel über Tagespflege Gesagte hinsichtlich Bedarfserhebung und Wohnortnähe. Die Kapazität sollte für 15 bis 20 Personen ausgelegt sein. Unabhängig von Spezialisierung (z. B. auf psycho-gerontologische Kurzzeitpflege für altersverwirrte Menschen) gehört zum unverzichtbaren Leistungsspektrum Grund-

und Behandlungspflege, aktivierende und präventive Pflege, Hilfe zur Selbsthilfe, Sterbebegleitung, Beschäftigungs- und Kommunikationsangebote, Therapeutische Angebote (Rehabilitation, Physiotherapie, Ergotherapie, Logopädie und Gedächtnistraining), Seelsorge und geistliche Angebote, »Hotel«-Leistungen, Nachtwache und behinderten und altersgerechte Gestaltung der Räumlichkeiten. Erforderlich ist ein Personalschlüssel von 1 : 1,8, zumindest aber von 6 Pflegeplanstellen.

Das erforderliche Raumprogramm ist in § 80 SGB XI definiert. Zu den Anforderungen gehören: direkte Zufahrt für Fahrzeuge. Die Pflegezimmer sollten möglichst eigene Sanitäreinrichtungen haben. Erforderlich sind Gemeinschaftsräume, Therapieräume und Pflegebad, Bewegungsmöglichkeit im Freien und diverse Wirtschaftsräume.

### 3.6.3. Betreutes Wohnen für Senioren

Betreutes Wohnen ist gewissermaßen das Nachfolgemodell des herkömmlichen Altenwohnheims. Betreutes Wohnen will einen Heimaufenthalt vermeiden helfen, will Selbständigkeit im Alter erhalten in den eigenen vier Wänden, in Wohnungen, in die man gerne einzieht, nicht erst dann, wenn man einen alten Baum besser nicht mehr verpflanzen sollte. Zugleich bietet es ein Höchstmaß an Sicherheit mit Hilfen, deren Inanspruchnahme von den Bewohnern selbst gewählt wird: dass das, was an Hilfen nötig ist, abrufbar ist, aber erst dann, wenn es die persönliche Situation erfordert.

Betreutes Wohnen ist nicht gleich Betreutes Wohnen. Unter diesem Etikett tummeln sich heute viele Angebote, die oft meilenweit auseinander liegen: Anlagen, die gerade mal barrierefrei gebaut sind, aber ansonsten in keiner Weise den oben beschriebenen Zielen gerecht werden können. Dann gibt es Anlagen, Wohnungen, die nachträglich umgestaltet worden sind, weil man sie als normale Eigentumswohnungen nicht losgebracht hat: Der ganze Zuschnitt ist dann letztlich wenig geeignet, geschweige denn rollstuhlgerecht. Schließlich gibt es auch Einrichtungen unter dem Modewort »Betreutes Wohnen«, die so groß sind, dass man sie besser als »Altenghetto« bezeichnen sollte, und deren verpflichtende Grundbetreuung so teuer ist, dass es bei Licht gesehen kaum mehr einen Unterschied zu einem herkömmlichen Altenwohnheim gibt.

Durch die Immobilien- und Baukrise Mitte der 90er-Jahre entdeckten kommerzielle Bauträger und Investoren das Betreute Wohnen. Träger der freien Wohlfahrtspflege fungieren dabei häufig als Betriebsträger. Die meisten Anlagen Betreuten Wohnens werden als Eigentumswohnungen konzipiert: Sie werden vor allem erworben unter dem Gesichtspunkt persönlicher Alterssicherung mit der Möglichkeit, sie bis dahin als Kapitalanlage weiterzuvermieten, solange man noch nicht selbst einziehen möchte.

Die Grundsäulen Betreuten Wohnens sind bauliche Voraussetzungen (und ihre Lage), Grundbetreuung und Wahlleistungen. Eine nur barrierefreie Anlage genügt nicht.

Wohnbereich und Gemeinschaftsräume sind alten- und rollstuhlgerecht nach den DIN-Normen anzulegen. Beim Bau der Anlage ist Heimcharakter zu vermeiden. Pflege in den Appartements muss möglich sein. Eine zusätzliche eigene Pflegestation im Haus ist ein wichtiger Marktvorteil.

Die Pauschale für die Grundbetreuung ist für alle Bewohner verpflichtend, gleich ob die Leistungen in Anspruch genommen werden oder nicht. Dies ist notwendig für die erforderliche Personalvorhaltung. Es gibt Häuser mit einem sehr umfassenden Leistungskatalog in der Grundbetreuung, was eine hohe Betreuungspauschale zur Folge hat und damit die Grenzen zum Altenwohnheim verwischt. Grundbetreuung sollte sich deshalb auf das Nötigste beschränken und könnte z. B. folgende Leistungen umfassen: kommunikative Angebote, Pflegeberatung, telefonischer Anrufservice für eine bestimmte Zahl von Kalendertagen im Jahr, Beratung und Vermittlung von Hilfsdiensten, wie z. B. ärztliche Hilfe, Reinigungsdienste usw., Hilfe bei Behördenangelegenheiten, Freizeitangebote, kulturelle Veranstaltungen, Ausflüge und Feste (ggf. mit Kosten-beteiligung), Förderung der Nachbarschaftshilfe. Die Wahlleistungen können von den Bewohnern je nach Bedarf abgerufen werden und sollten umfassen: Grund- und Behandlungspflege, hauswirtschaftliche Versorgung, Warmverpflegung wahlweise gemeinsam oder in der eigenen Wohnung, Kaltverpflegung und Frühstück, Notrufbereitschaft (s. o.), Hol- und Bringdienste, Veranstaltungsangebote und handwerkliche Hilfeleistungen.

### 3.6.4. Generationenübergreifendes Wohnen

Früher lebten mehrere Generationen einer Familie unter einem Dach. Die Großfamilie traditioneller Prägung bildet heute nur noch einen verschwindend kleinen Teil in der Gesellschaft. In den Großstädten ist diese Situation noch verschärft. In den Großstädten wächst aber auch die Sehnsucht nach neuen Wegen des Zusammenlebens, um der Vereinzelung entgegenzuwirken. Es wird viel von den neuen Alten gesprochen, die auch im Alter möglichst selbstbestimmt leben möchten und sich bewusst Gedanken darüber machen, wie sie dann leben wollen. Die Angst vor dem Altenghetto ist groß. Junge Familien und Einzelpersonen entdecken: Es fehlt etwas, wenn es keine Alltagskontakte mit der älteren Generation mehr gibt. Dem entgegenzuwirken ist das Ziel generationenübergreifenden Wohnens. Die Typenvielfalt bestehender Projekte zeigt, dass man sich noch in der Phase des Experiments befindet.

Ohne Zweifel aber könnte für eine Kirchengemeinde mit ihrem generationen- und schichtenübergreifenden Mitgliederspektrum die Idee des gemeinschaftlichen Wohnens, in welcher Mischung und Ausrichtung auch immer, ein Thema sein, insbesondere dort, wo die Vereinzelung schon weit fortgeschritten ist. Die Projekte gemeinschaftlichen Wohnens wollen Alternativen zu immer mehr und immer differenzierteren Sonderwohnformen schaffen (Altenheime, Ausländerheime, Behindertenheime, Sterbehäuser, Frauenhäuser usw. usw.).

Obwohl es in Deutschland, anders als in den Niederlanden, nur wenige Projekte gibt, lassen sich doch hinsichtlich Trägerschaft und Ausrichtung eine Reihe unterschiedlicher Typen feststellen:

- von den Bewohnern selbst organisierte und selbst verwaltete Häuser
- betreute, von Trägern und Professionellen organisierte Projekte
- generationenübergreifende Wohngruppen
- Wohngruppen nur für Frauen
- Wohngruppen nur für Ältere
- Wohngruppen mit somatisch und psychiatrisch stark hilfebedürftigen BewohnerInnen
- Wohngruppen, in denen Behinderte, Familien und alte Menschen gemeinsam leben

Gemeinsam ist allen Projekten das Bestreben, einen Kontrapunkt zur herkömmlichen Heimunterbringung zu setzen; lebendige Nachbarschaften contra betriebswirtschaftlich geprägte Sozialarbeit.

Die bisherigen Erfahrungen zeigen, dass es noch wenig wirklich geglückte Projekte gibt. Gerade aber aus den gescheiterten Vorhaben kann Wichtiges gelernt werden. Als Idealablauf hin zum gemeinschaftlichen Wohnen hat sich herauskristallisiert:

1. Suchen von Gleichgesinnten.

2. Entwickeln von Wohnwünschen.

3. Erarbeitung tragfähiger gemeinsamer Ziele.

4. Planungsphase unter Einbeziehung nachbarschaftlicher Bedürfnisse.

5. Bauliche Begleitung der zukünftigen Bewohner und Umzugshilfe mittels eines Umzugsmanagements.

Besonderes Augenmerk sollte auf Stolpersteine gelegt werden, die ein Projekt nicht zustande kommen oder scheitern lassen. Die meisten Projeke scheiterten nicht primär an der gemischten Mitgliederstruktur. Häufig waren es Gründe wie zu lange Planungsphase, mangelnder Wohnraum, fehlende Gelder, juristische Hürden. Kritische Punkte sind deshalb besonders: Der Gruppenprozess, die Finanzierung und die rechtlichen Konstruktionen.

### 3.6.5. Hospiz

Durch die Hospizbewegung sind in den letzten Jahren stationäre Einrichtungen für Menschen in der Endphase ihres Lebens entstanden. Sicher wird es das vorrangige Ziel sein, Sterbekultur so zu entwickeln, dass Menschen zuhause würdig sterben können. Aber es gibt viele Situationen, aufgrund deren dies nicht möglich sein wird. Dafür sind Hospize gedacht. Hospize haben allerdings mit den gleichen Problemen wie Tagespflege und Kurzzeitpflege zu kämpfen: schwankende Auslastung und Finanzierung.

Hospize wenden sich an Menschen mit fortschreitenden, zum Tode führenden Krankheiten. Auch eine zum Tode führende Hinfälligkeit ist ein Aufnahmekriterium. Hospize greifen dann, wenn die Behandlung nicht mehr an Diagnostik und Therapie orientiert ist. Für unmittelbar schon im Sterben befindliche Menschen liegt allerdings ein Umzug ins Hospiz nicht mehr nahe. Dann ist ein Verbleib am Aufenthaltsort oft hilfreicher.

Zur Aufnahme sind erforderlich: das Einverständnis der aufzunehmenden Person, formlose Bestätigung des behandelnden Arztes, aus der hervorgeht, dass die zu erwartende Lebenserwartung ein halbes Jahr nicht übersteigt und ein Aufenthalt zu Hause nicht möglich ist.

Vor der Aufnahme werden die Kranken so weit wie möglich in die Information und Entscheidung mit einbezogen. Vorab muss erledigt werden: Information an Kassen und Sozialhilfeträger, Beantragung der Ein- und Höherstufung in der Pflegekasse, Gewährleistung der ärztlichen Betreuung von Beginn an, Hilfsmittel im Besitz der kranken Personen (z. B.

Gehhilfe, Sauerstoffgerät, Toilettenstuhl) müssen von Anfang an bereitstehen, Ausgestaltung des Zimmers mit persönlichen Gegenständen. Von Krankenhäusern, behandelnden Ärzten und Pflegediensten wird erwartet: Ärztliche Bescheinigung über Prognose, Arztbericht und Pflegebericht. Bei Bedarf sollten dauerhafte Zu- und Ableitungen vorher gelegt werden.

Eine gute Hospizstation ist mit Einzelzimmern und eigener Nasszelle ausgestattet. Das Pflegebett ist elektrisch verstellbar, individuelle Zimmergestaltung im Blick auf Bilder, Möbel und Pflanzen möglich.

Kleine Haustiere können mitgebracht werden. Individueller Tagesrhythmus ist möglich. Es gibt eine große Wohnküche und ein Wohnzimmer für Gäste und Angehörige. Besuch ist jederzeit möglich, ebenso wie die Übernachtung von Angehörigen im Zimmer oder im Gästeappartement. Die Stationsleitung verfügt über Zusatzausbildung zur Hospizschwester; weitere Schwestern verfügen über Weiterbildungen in Sterbebegleitung. Das Pflegepersonal ist rund um die Uhr verfügbar. Die Einbeziehung der Angehörigen in die Pflege ist auf Wunsch möglich. Medizinische Maßnahmen sind an Zielen orientiert wie Erleichterung, Lebensqualität, Schmerzlinderung. Es werden keine lebensverlängernden Maßnahmen durchgeführt, die nicht vorrangig auch erleichtern.

Es werden keine lebensverkürzenden Maßnahmen vorgenommen. Maßnahmen wie Krankengymnastik, Lymphdrainage, Logopädie u. Ä. sind möglich. Die Behandlung durch den Hausarzt ist möglich, wenn nötig werden Fachärzte hinzugezogen. Angehörige und Gäste werden, wenn sie es wünschen, seelsorgerlich begleitet bis hin zur Nachbetreuung.

Das Besondere eines Hospizes ist die Blickrichtung. Es geht nicht mehr um die Aufrechterhaltung der Fiktion therapeutischer Möglichkeiten, sondern alles Handeln geht vom Annehmen des bevorstehenden Todes aus.

### 3.6.6. Eine Utopie: das Gemeindespital

Im Mittelalter war ein Spital weit mehr als ein Krankenhaus. Es war eine soziale Institution mit breit gefächerten sozialen Hilfen.

In moderner Form würde das Gemeindespital sich aus verschiedenen »diakonischen Modulen« zusammensetzen. »Diakonische Module« könnten z. B. eine Pflegestation, eine Tages- oder Kurzzeitpflegeeinrichtung sein. »Diakonische Module« könnten aber auch z. B. Wohngruppen der Jugendhilfe, für Strafentlassene, Behinderte oder psychisch Kranke sein. Sie böten einen integrativen Lebensrahmen, eingebunden in das soziale Netz einer Gemeinde. Ein »diakonisches Modul« könnte aber auch einfach aus Wohnraum und Begleitung für Menschen bestehen, die lebenslanger Unterstützung bedürfen, weil sie allein nicht ausreichend lebensfähig sind. Im Idealplan würde das Gemeindespital eine architektonische Einheit mit den geistlichen und kommunikativen Räumlichkeiten der Gemeinde bilden. Je nach Art des »diakonischen Moduls« könnte Organisation und Betreuung bei der Kirchengemeinde, der Diakonie-Sozial-Station, bei Angehörigen oder bei einem externen Träger liegen. Denkbar wären auch Kooperationsformen, z. B. könnte eine Jugendhilfe-Einrichtung Träger der Wohngruppe sein, aber vernetzt eben mit der Gemeinde. Bei der Idee eines Gemeindespitals handelt es sich um eine kleine Einheit. Auf keinen Fall soll sich daraus eine den Gemeinderahmen sprengende »Anstalt« entwickeln.

### 3.7. Zwei drängende Probleme: nicht abrechenbare Leistungen und Gemeindebezug

Die Entwicklung seit Einführung der Pflegeversicherung 1995 hat, abgesehen von der Frage des wirtschaftlichen Überlebens, zu zwei großen Problemen geführt, deren Lösung angegangen werden muss.

Das eine Problem ist die Vielzahl nicht abrechenbarer Leistungen, die durch die Mitarbeitenden einer Station ständig erbracht werden und erbracht werden müssen.

Das zweite Problem ist das durch Zusammenschlüsse und Großstationen bewirkte rasante Auswanderns des Diakonischen aus den Gemeinden, sowohl organisatorisch als auch im Bewusstsein der Gemeinden und ihrer Mitglieder.

Beide Problemkreise überschneiden sich.

## NICHT ABRECHENBARE LEISTUNGEN

Gerade im Bereich nicht abrechenbarer Leistungen geschieht sehr viel, was einer diakonischen Einrichtung Gesicht und Profil gibt, denn »nur« gute Pflege kann ein privater Pflegedienst genauso.

Die Pflegedienstleiterin der Ökumenischen Sozialstation Fritzlar hat detailliert alle diese Leistungen, die Zeit erfordern und damit auch Geld kosten, erfasst und gliedert sie in folgende Bereiche:[12]

1. Tätigkeiten in Zusammenhang mit der pflegerischen Betreuung

2. Hauswirtschaftliche Tätigkeiten

3. Tätigkeiten zur Unterstützung der sozialen Kontakte

4. Persönliche Zuwendung

5. Öffentlichkeitsarbeit und besondere Veranstaltungen

6. Bürotätigkeiten

Diese Bereiche sollen durch einige Beispiele veranschaulicht werden:

## Tätigkeiten in Zusammenhang mit der pflegerischen Betreuung

Dazu zählen unter anderem:

- Informations- und Beratungsgespräche im häuslichen Umfeld und auf der Station
- Anleitung von Patienten und Angehörigen, Zusammenarbeit mit Ärzten, Apotheken und Sanitätshäusern
- Rezepte bestellen und holen
- Anwesenheit bei Arztvisiten
- Vermittlung weiterer Hilfen wie Hausnotruf, Essen auf Rädern, Fußpflege
- Erstbesuche ohne Einstufung, Vorbereitung des häuslichen Umfelds

## Hauswirtschaftliche Tätigkeiten

- Müll entsorgen
- Post holen
- Einkäufe erledigen
- Botengänge
- Kaffee kochen, Frühstück zubereiten

## Tätigkeiten zur Unterstützung der sozialen Kontakte

- Vermittlung von Kontakten mit Angehörigen, Nachbarn, Freunden
- Hilfe bei Telefonaten
- Begleitung bzw. Übernahme von Behördengängen
- Organisation von patientenbezogenen Aktivitäten z. B. Seniorenkreise, Krankengottesdienst

## Persönliche Zuwendung

- Gespräche führen
- Seelsorge vermitteln
- Sterbebegleitung
- Teilnahme an Beerdigungen, Kondolenzbesuche

- Besuche im Krankenhaus
- Geburtstags- und Weihnachtsgeschenke für Patienten

## Öffentlichkeitsarbeit und besondere Veranstaltungen

- Vorbereitung und Durchführung von Krankengottesdiensten
- Vorbereitung und Durchführung von Diakoniegottesdiensten

- Tag der offenen Tür
- Vorträge vor Kirchenvorständen, Gemeindegruppen
- Berichte und Artikel in Gemeindebote und Presse

## Bürotätigkeiten und Organisation

- Beratungs- und Informationsgespräche
- Hilfe beim Ausfüllen und Einreichen von Anträgen an Behörden und Kassen

- alle Tätigkeiten im Leitungsbereich

Keine Frage, diese Vielzahl von Tätigkeiten (und es sind noch mehr) sind erforderlich, um fachlich qualifiziert zu arbeiten, den Patienten als Individuum zu beachten und ernst zu nehmen und diakonisch Profil zu zeigen. Doch wer soll das bezahlen? Die Leistungsentgelte reichen dazu nicht aus. Die finanzielle Situation der Stationen ist prekär.

## GEMEINDEBEZUG

Der Konzentrationsprozess durch Fusionen und das Bilden von gemeindeübergreifenden Großstationen hat zu einem rasanten Auswandern des Diakonischen aus den Gemeinden geführt. Dies wurde an verschiedenen Stellen dieses Buches bereits festgestellt, bedarf aber angesichts der Brisanz noch einer ausführlicheren Thematisierung. Die Welle von Fusionen im diakonischen Bereich ist keineswegs auf die ambulante Pflege beschränkt. Allein das Diakoniewerk Rummelsberg erhält jährlich 20 Anfragen, bei denen es um die Übernahme von Trägerschaften geht: Mittlere und kleinere Einrichtungen geraten in die Krise und ihre Träger sehen sich überfordert bzw. nicht mehr in der Lage, den Betrieb aufrechtzuerhalten.

Größe allein jedoch macht es nicht. Viele Diakoniewerke etwa auf Dekanatsebene sind konkursreif. Bei Fusionen wächst häufig vor allem eins: der Verwaltungsapparat. Ein krasses Beispiel dafür ist folgende Geschichte: Eine Großstadtgemeinde hatte einen beeindruckenden Bestand an diakonischen Einrichtungen: Diakoniestation, Altenwohn- und Pflegeheim, Betreutes Wohnen, Kindergarten. Nicht weniger »beeindruckend« war die Tatsache, dass die Trägerschaften auf drei eigene Vereine und Kirchengemeinde verteilt war. Der nahe liegende Gedanke war: Gemeinde und Vereine schließen sich zu einem Gemeindediakoniewerk zusammen.

Die Zersplitterung sollte durch die Bildung eines Trägervereins überwunden werden. Für das Ganze sollte eine *halbe* Geschäftsführungsstelle geschaffen werden. Gegen jede rationale Einsicht scheiterte dieses Vorhaben an der profilneurotischen Halsstarrigkeit einiger Personen. Es gelang nur, Gemeinde und Diakonieverein für das Gemeindediakoniewerk zu gewinnen, aber es entstand eine *ganze* Geschäftsführungsstelle nur für die Diakoniestation. Diese ist nun konkursreif, ebenso wie das Altenwohn- und Pflegeheim, das mittlerweile durch eine Auffanggesellschaft verwaltet wird.

Schon erwähnt wurde die abnehmende Wirtschaftlichkeit von Diakonie-Sozial-Stationen bei deutlich über 100 Patienten.

Das weitere Auswandern des Diakonischen aus den Gemeinden und die Reduzierung auf einige wenige diakonische Großkonzerne darf nicht einfach hingenommen oder gar als erfreulicher Fortschritt betrachtet werden.

Viele Pflegedienstleitungen gemeindeübergreifender Stationen leiden sehr unter dem geringen Interesse von Gemeinden und ihrer Verantwortlichen an der Arbeit der Station. Sie wird bereits als etwas Fremdes empfunden, das mit der Gemeinde nichts mehr zu tun hat. Gibt es Möglichkeiten, diese verhängnisvolle Entwicklung zu stoppen und ein Stück weit umzukehren?

## NEUE WEGE FÜR DAS VERHÄLTNIS VON GEMEINDE UND DIAKONIE-SOZIAL-STATION

Auch dort, wo Gemeinden und ihre Vereine nicht mehr in unmittelbarer Verantwortung für eine Diakonie-Sozial-Station stehen, gibt es viele Möglichkeiten der Zusammenarbeit und Kooperation.

Gemeinden und »überflüssig« gewordene Diakonievereine könnten neue konkrete Aufgaben finden durch:

- Erstattung der Kosten für nicht abrechenbare Leistungen[13]
- das bereits vorgestellte Modellprojekt »sister nova«
- Anstellung einer Seelsorgekraft
- Aufbau und Begleitung eines gemeindegestützten Helfendenkreises
- Übernahme der Organisation gemeindebezogener Patientencafés, Gottesdienste, Kurse, Angehörigenpflege
- regelmäßige Präsenz der Station in den Gemeinden ihres Einzugsgebiets
- Begleitung der Mitarbeitenden der Station (Wahrnehmen, Akzeptieren, Stützen)
- gemeinsames Bemühen um Sponsoren

# 4. Diakonie im Einzugsgebiet des Kindergartens

## 4.1. Kindergarten zwischen Dienstleistungsbetrieb und Nachbarschaftszentrum

Der evangelische Kindergarten steht im Zuge einer Aufgabenkritik zunehmend im Blickwinkel. Sollten sich Gemeinden aus dieser Arbeit angesichts der finanziellen Belastungen zurückziehen? Geht das Eigentliche eines evangelischen Kindergartens verloren, wenn er z. B. von einer hohen Zahl moslemischer Kinder bzw. von Kindern besucht wird, die nicht zur Gemeinde gehören? Ist ein gemeindlicher Kindergarten ein Klotz am Bein der Gemeinde, von dem man sich im Zuge einer Besinnung auf das Wesentliche trennen sollte?

Diese Gedanken liegen nur für den nahe, der Kindergartenarbeit als gemeindliche Zusatzbelastung empfindet, die neben der »eigentlichen« Gemeindearbeit zu leisten ist; nur für den, der den Kindergarten nicht als Diakonie versteht für Familien, Eltern, Kinder in einer immer schwieriger werdenden Lebenswelt.

Derartige Einstellungen können noch verstärkt werden durch die sich abzeichnende Entwicklung hin zu zurückgehenden Kinderzahlen und dem Entstehen von Wettbewerb unter Kindertagesstätten. Anstatt sich diesen spannenden Entwicklungen aktiv und rechtzeitig zu stellen und die Herausforderungen anzunehmen, entwickelt sich eine Tendenz, sich lieber aus diesem Aufgabenfeld zurückzuziehen. Rein quantitativ betrachtet kommt den Kindertagesstätten kirchlich wie gesellschaftlich eine immense Bedeutung zu. In Deutschland befinden sich ca. 9000 Kindertagesstätten mit ca. 500 000 Kindern und 50 000 ErzieherInnen in evangelischer Trägerschaft. Das macht 30 % der deutschen Kindertagesstätten aus.[14]

Wenn wir von dem Kindergarten sprechen, ist das eine etwas holzschnittartige Bezeichnung. Eine Bestandsaufnahme listet für Bayern 31 (!) Formen der Kindertagesbetreuung auf, darunter sieben Formen von Kindergärten im engeren Sinn. Gegenwärtig begegnen in einer Gemeinde vor allem drei Formen: Eltern-Kind-Gruppen, der Kindergarten und »Netze für Kinder«. Eltern-Kind-Gruppen sind weit gehend selbst organisiert. Manche Gemeinden beschränken sich allein auf das Bereitstellen von Räumen, in anderen Gemeinden gibt es eine geregelte Begleitung dieser Gruppen. Ein »Netz für Kinder« ist durch drei Merkmale charakterisiert: kleine überschaubare Gruppen (12 bis 15 Kinder; Altersmischung von 2 bis 12 Jahre), Elternmitarbeit in Verbindung mit pädagogischer Fachkraft bei Betreuung und Organisation. Diese Betreuungsform ist als Ergänzung traditioneller Kinderbetreuung gedacht.

Die starre Unterscheidung und Trennung etwa zwischen Krippen, Kindergärten, Horten wird sich in den nächsten Jahren stark verändern und aufweichen. Überhaupt befindet sich der ganze Bereich organisierter Kinderbetreuung in einer höchst innovativen Phase, deren Auswirkungen in den nächsten Jahren greifen werden.

Die zurückgehenden Kinderzahlen erhöhen den Druck auf die Einrichtungen und gefährden sie in ihrem Bestand. Die örtlichen Unterschiede sind allerdings gravierend.

## 4.2. Zehn (+ 1) Entwicklungstrends künftiger Kindergartenarbeit

Die Verfasser der Studie »Der evangelische Kindergarten als Nachbarschaftszentrum in der Gemeinde« erkennen zehn Entwicklungstendenzen.[15]

»Da ist zunächst der diakonische, sozialpädagogische und familienfürsorgerische Aspekt. Kindertagesstätten verstehen ihr Angebot mehr und mehr im Kontext der sozialen Problemlagen von Familien in den durch Sozialabbau, Entsolidarisierung und Sinnkrisen geprägten Jahren nach der deutschen Einigung. Dies bedeutet eine Veränderung der Kindertagesstättenarbeit zugunsten einer erheblich ausgeweiteten Serviceleistung von Einrichtungen.

1. Eine erweiterte Altersspanne der betreuten Kinder ermöglicht eine größere Entlastung von Familien insbesondere Einelternfamilien. Waren es bislang die drei- bis sechsjährigen, so werden es zukünftig tendenziell die ein- bis zwölfjährigen Kinder sein. Hinzu kommt die Integration bislang nebeneinander bestehender Formen von Kinderkrippen, -gärten und -horten zugunsten einer Arbeit in *Gruppen mit erweiterter Altersmischung*.

2. *Verlängerte Öffnungszeiten* ermöglichen eine Reaktion auf die flexibilisierten Arbeitszeiten und Lebensgewohnheiten von Eltern. Waren es bislang meist um die sechs Stunden Tagesöffnungszeit, so werden es zukünftig Öffnungszeiten von etwa zehn und mehr Stunden am Tag sein.

3. In der Tradition der Kinderläden wird in letzter Zeit die Rolle und Bedeutung der Eltern, Erziehungsberechtigten und Angehörigen sowie der Kinder selbst für die Arbeit der Kindertagesstätten neu entdeckt. *Eltern, Erziehungsberechtigte und Angehörige* werden überhaupt als Zielgruppe erkannt und in einer Mischung aus Selbsthilfe, Mitbestimmung und Kundenorientierung zugleich intensiver in die Kindertagesstättenarbeit *einbezogen*. So kommt auch ein generationenübergreifendes Lernen in den Blick.

4. *Kinder* werden nicht mehr lediglich als Objekte der Erziehung und Betreuung gesehen, sondern als *eigenständige Subjekte*, die im Prozess des Mündigwerdens in Formen von Mitbestimmung, Eigeninitiative und Selbstverantwortung eingeführt werden. Die Erwachsenenwelt beginnt einen »Perspektivenwechsel« zu vollziehen, infolge dessen die Welt aus der Sicht der Kinder wahrzunehmen versucht wird.

5. Auch die Erziehungsaufgaben und Inhalte verschieben sich zugunsten eines lebensweltorientierten Ansatzes. Pädagogisch versucht man sich im Sinne eines *umfassenden angewandten Situationsansatzes* deutlicher auf die gemeinsame Verantwortung für den Lebensalltag und auf das alltägliche Zusammenleben zu beziehen.

6. Dazu gehört auch die *Integration von behinderten, ausländischen und*

*ausgegrenzten Kindern* in den pädagogischen Lebens- und Lernalltag der Kindertagesstätte.

7. Mit der Pluralisierung des Angebots und der stärkeren Einbeziehung der Kinder und Eltern in die Willensbildung und Programmgestaltung der Kindertagesstätte kommt es zunehmend auch zu neuen Formen der Kooperation vor Ort. Die *Vernetzung der Einrichtung* mit pädagogischen, sozialen, beratenden, kulturellen und auch sportlichen Institutionen in Kirchen- / Kommunalgemeinde bzw. Stadtteil resultiert aus pragmatischen und konzeptionellen Überlegungen und nimmt zugunsten einer Gemeinwesenorientierung zu.

8. Es besteht in Ansätzen ein Trend, im Sinne einer grundlegenden lokalen Kinder- und Jugendhilfeplanung *gemeinwesenorientierte Gesamtkonzepte* für Kinder zu entwickeln und eine *Lobby für Kinder* vor Ort und in der Region aufzubauen.

9. All das bedeutet für die verantwortlichen hauptamtlichen Kräfte der Kindertagesstätte einen erheblichen professionellen Umbruch. Die *Aufgaben der ErzieherInnen* verändern sich und dehnen sich auf neue Felder aus. So fordert ein erweitertes Öffnungszeiten-, Alters- und Zielgruppenangebot, die Mitbestimmung der Eltern und Kinder, die Förderung und Einbeziehung von Selbsthilfe und Ehrenamtlichkeit, die Zunahme von pflegerischen und Haushaltsaufgaben durch den erweiterten Betrieb, die Vernetzung im Gemeinwesen u. a. den beruflichen Fertigkeiten und Tätigkeiten der ErzieherInnen heute deutlich mehr ab als früher. Die Zeichen stehen auf Reform der ErzieherInnenausbildung.

10. Für die Kirchengemeinden, die meist Träger konfessioneller Kindertagesstätten sind, geht mit der Neuerung im Kindertagesstättenbereich so manche Veränderung einher. Ähnliches gilt für Kommunen und Stadtteile. Das Gesamtgefüge einer Kirchen- bzw. Pfarrgemeinde wird durch eine konzeptionell weiter gefasste Kindertagesstättenarbeit beeinflusst. Eine Debatte um Gemeinde- und Kirchenverständnisse entsteht und eine neue Gesamtkonzeption der Kirchen- bzw. Pfarrgemeinde wird nötig.«

11. Kindertagesstätten werden sich künftig dem *Wettbewerb* stellen müssen. Es ist zu erwarten, dass Fördermittel nicht mehr nach dem Gießkannenprinzip verteilt werden, sondern sich an Qualitätskriterien hinsichtlich Angebot, Konzeption, Serviceleistungen und betriebswirtschaftlicher Ausrichtung orientieren. *Deshalb werden differenzierte Qualitätsentwicklung und Qualitätssicherung große Bedeutung erlangen.*

## ES GIBT ALLERDINGS AUCH TENDENZEN, DIE DEN ENTSCHIEDENEN WIDERSTAND KIRCHLICHER TRÄGER ERFORDERN:

- Durch freie Buchungszeiten der Verweildauer eines Kindes würden Kindergärten zu reinen Aufbewahrungsanstalten verkommen und ihren Bildungsauftrag nicht mehr erfüllen können, abgesehen davon, dass dann nur noch befristete Arbeitsverträge möglich wären.

- Verwaltungsvereinfachungen und Einsparungen bei der öffentlichen Hand dürfen nicht zu mehr Verwaltungsaufwand und noch höheren Belastungen bei den Kindergarten-Trägern führen.

- Im ländlichen Raum muss auch bei zurückgehenden Kinderzahlen ein flächendeckendes, wohnortnahes Netz von Kindergärten gewährleistet bleiben.

- Zurückgehende Kinderzahlen sollten zur Verbesserung und Intensivierung der Arbeit mit den Kindern genutzt werden (anstelle von Schließungen).

- Qualitätsentwicklung ist nicht zum Nulltarif zu haben.

- Ein Kindergartenplatz muss gerade für Alleinerziehende und Familien mit geringem Einkommen finanziell tragbar sein.

- Die Politik ist daran zu messen, dass, wo familienfreundlich drauf steht, auch familienfreundlich drin ist.

## 4.3. Die diakonische Relevanz des Kindergartens und seiner Weiterentwicklung

»Familie leidet« heißt ein Stichwort in der vom Diakonischen Werk der Evang.-Luth. Kirche in Bayern und der Gemeindeakademie Rummelsberg herausgegebenen Broschüre »Kindertagesstätte – Gemeinde. Leitfaden zur Konzeptentwicklung«. Familie leidet »unter der gesellschaftlich-ökonomischen Ausbeutung. Es fehlt eine überzeugende Familienpolitik (in ›unterprivilegierten‹ Schichten bündeln sich die negativen Lebensbedingungen) – unter der Stilisierung zum Hort der Geborgenheit angesichts erlebter Kälte in den Außenbeziehungen – unter den zunehmenden gesellschaftlich bedingten Schwierigkeiten, in tragfähigen Beziehungen die Kinder zu Mündigkeit und Verantwortlichkeit zu erziehen«[16].

Kindergarten und die sich abzeichnenden Weiterentwicklungen haben deshalb in vielerlei Hinsicht diakonische Relevanz:

### FAMILIEN WERDEN ENTLASTET

Familien, in welcher Form auch immer, werden entlastet. Ein Kindergartenplatz für das Kind, ist fast immer die Voraussetzung für Erwerbstätigkeit, in der Regel ja nach wie vor, der Frauen. Wohl die Mehrzahl der Familien ist auf Erwerbstätigkeit beider Elternteile angewiesen. Bei Ein-Eltern-Familien ist diese Notwendigkeit noch viel krasser. Erwerbstätigkeit wiederum ist erforderlich, um das Armutsrisiko Kinder zu einzuschränken. Aber auch dort, wo es nicht um die Notwendigkeit von Erwerbsarbeit geht, ist der Kindergarten relevant, um dem Elternteil, der sich um das Kind kümmert, Freiräume für sich selber zu schaffen. Wer selber durch Kinder eingespannt ist, weiß, welche fast schon »therapeutische« Bedeutung es hat, Zeit für sich selber zu finden. Aus all dem sei an dieser Stelle auch eine Lanze gebrochen für Eltern, die den Kindergarten als guten und förderlichen »Aufbewahrungsplatz« für ihr Kind verstehen, die den Kindergarten eben als Serviceeinrichtung betrachten, ohne viel Zeit in die Elternarbeit zu investieren.

## WEGE AUS DER SOZIALEN ISOLATION –
## WEGE ZU INTEGRATION

Der Kindergarten ermöglicht Wege aus der sozialen Isolation. Bleibt ein Elternteil zu Hause, um sich des Kleinkindes zu widmen, führt das fast immer zur Einschränkung sozialer Kontakte. Kommt das Kind in den Kindergarten, ermöglicht es über Elternkontakte und Elternarbeit Wege aus dieser sozialen Isolation.

Die Kindergartenzeit bietet eine ideale Basis sowohl für Neuzugezogene als auch für ausländische Eltern, im Ort, im Stadtteil heimisch zu werden, sich gegenseitig kennen und verstehen zu lernen.

Die Möglichkeiten der Elternpartizipation durch den gewählten Kindergartenbeirat und Beteiligung bei Kindergartenaktivitäten sind eine ideale Basis für die Integration ausländischer Eltern in einer sehr natürlichen Weise ohne spezielle, bisweilen sehr aufgesetzte Integrationsprogramme.

Elternarbeit, wird sie als Aufgabe der Gemeinde gesehen und nicht nur als Sache der ErzieherInnen, lässt viele Eltern auch neu oder wieder Zugang zur Gemeinde finden.

## LERNFELD SOZIALEN VERHALTENS

Für Kinder ist der Kindergarten ein entscheidendes Lernfeld für soziales Verhalten. Diese Rolle des Kindergartens ist um so wichtiger geworden, je kleiner die Familien sind und je dünner das verwandtschaftliche und nachbarschaftliche Bezugsfeld wird. Heute gibt es viele Eltern, die bereits als Einzelkinder aufgewachsen sind. Das macht die Erziehung nicht einfacher. Den Kindern fehlen zunehmend soziale Kontakte auf der Ebene der gleichen Generation (Geschwister, Cousins und Cousinen). Sie erleben Familie, wenn überhaupt, nur auf der Generationenschiene: Großeltern – Eltern – Kind. Sozialverhalten praktizieren und einüben im Umgang mit Kindern der gleichen Generation, seien sie älter oder jünger, ist als wesentlicher Baustein sozialer Prävention zu verstehen. Die Weiterentwicklung des Kindergartens mit erweiterter Altersmischung wird den Erfahrungsraum sozialen Lernens wesentlich verstärken. Das zeigen die positiven Erfahrungen von Einrichtungen mit erweiterter Altersmischung. Die Kleinen bekommen Impulse von den Größeren und können sich danach strecken. Die Größeren erfahren:»Wir sind wer, wir können was.« Sie üben Rücksichtnahme und Verantwortung gegenüber den Jüngeren ein. Alles zusammen führt zur Stärkung des Selbstvertrauens. Ein Schulkind, das gar nicht zu den Besten in der Klasse gehört, macht in einer altersgemischten Einrichtung die Erfahrung: Die Jüngeren schauen zu mir auf. Sie sehen: Ich kann schreiben, lesen, rechnen und vieles mehr.

## BEGEGNUNGSORT DER NATIONALITÄTEN

»Unsere Einrichtung wird von Kindern aus 14 Nationen besucht. Die Kinder haben damit keine Probleme, auch wenn sie sich anfänglich nur mit Händen und Füßen verständigen können.« So die Leiterin einer Kindertagesstätte in einem sozialen Brennpunkt-Stadtteil einer Großstadt. Demgegenüber stand anfänglich das Entsetzen von Kirchenvorstehern: Für was denn noch einen eigenen Kindergarten betreiben, wenn die Kinder der eigenen Gemeinde nicht mehr in der Mehrheit sind? Das erfordert einen Prozess der Bewusstseinsbildung: Gerade darin und deshalb haben wir einen Auftrag für unseren Kindergarten. Er leistet einen wesentlichen Beitrag zur Verständigung der Nationalitäten und Kulturen im Stadtteil. Deutsche und ausländische Eltern kommen durch die Aktivitäten des Kindergartens und seines Elternbeirats miteinander in Kontakt und lernen sich kennen.

## INTEGRATION BEHINDERTER KINDER

Ein weiterentwickelter Kindergarten sollte auch die selbstverständliche Aufnahme von behinderten Kindern ermöglichen, ohne dass es sich dabei um den Spezialfall eines integrativen Kindergartens handeln muss. Dass es im Interesse der behinderten Kinder da auch Grenzen gibt, steht außer Zweifel. Aber in vielen Fällen wird es für nichtbehinderte wie behinderte Kinder von hohem Wert sein, gemeinsam eine Einrichtung zu besuchen. Erhöhte Flexibilität ist dazu erforderlich.

Dazu ein konkretes Beispiel: Julia hat Spina bifida (das Rückenmark lag bei der Geburt offen). Sie kann sich nur mit Hilfe einer speziellen Geh-hilfe selbständig bewegen. Sie muss katheterisiert (damit ihr Urin in einem Beutel aufgefangen werden kann) werden. Die Eltern wünschen den Besuch des ganz normalen Kindergartens am Ort.

Die Erzieherinnen und der Träger sind zur Aufnahme bereit. Wie aber kann dies angesichts bestehender Personalschlüssel geleistet werden? Zwei Lösungsmodelle sind denkbar: Die Familie gewinnt ein Au-pair-Mädchen oder die Sozialbehörde genehmigt einen Zivildienstleistenden, um Julia im Kindergarten zu begleiten und die Erzieherinnen zu unter-stützen, damit die anderen Kinder nicht zu kurz kommen.

## KRISTALLISATIONSPUNKT FÜR FAMILIENENTLASTENDE AKTIVITÄTEN UND BEGEGNUNG DER GENERATIONEN

Der Kindergarten ist ein Kristallisationspunkt für familienentlastende oder -stützende Aktivitäten von Kleider-Bazaren, Baby-Sitter-Diensten, Kursen für Erste-Hilfe am Kind und Kinderkrankenpflege, Deutsch-kursen für ausländische Eltern bis hin zu generationenübergreifenden Aktivitäten: Leihomas und -opas, Kindergartenoma / -opa, Besuchen in Altenheimen und Altentagesstätten und umgekehrt. Er ist Kristallisa-tionspunkt hin zu einer Entwicklung als Nachbarschaftszentrum, als Ort der Begegnung und Aktion.

## FRÜHFÖRDERUNG

Der Kindergarten ist der Ort, wo frühzeitig Entwicklungsdefizite von Kindern und Überforderungen von Eltern bei der Begleitung ihrer Kin-der erkannt werden können, um entsprechende Förderungen, Beratun-gen und Erziehungshilfen anzuregen, zu vermitteln, einzuleiten und durchzuführen. Vieles leisten ja Erzieherinnen bereits ständig. Alles kön-nen sie nicht leisten. Aber sie können Schnittstelle zu speziellen Beratungs- und Förderungsstellen sein. Anstatt Kinder und Eltern an diese diversen Stellen nur verweisen zu können, wäre es sicher hilfreich, wenn verstärkt Beratung und Förderung mit von außen kommendem Fach-personal in der Einrichtung selbst stattfinden könnte.

Wie differenziert es – und damit verwirrend für Eltern – Frühförderungsmöglichkeiten gibt, zeigt die Liste von Frühfördereinrichtungen:

- Frühförderung für blinde und sehbehinderte Kinder
- Frühförderung für entwicklungsverzögerte und geistig behinderte Kinder
- Pädo-audiologische Beratung und Frühförderung (hörgeschädigte Kinder)
- Frühförderung bei Sprachauffälligkeiten
- Frühförderung spastisch gelähmter Kinder
- Frühförderung bei Entwicklungs- und Verhaltensauffälligkeiten

Frühförderung ist für Eltern oft ein Tabuthema. Eltern sind bei der Vielzahl verschiedener Frühfördereinrichtungen und den unterschiedlichen und verschlungenen Antrags- und Behördenwegen häufig überfordert.

Ein Kindergarten kann hier einiges tun:

- Frühförderung als Thema in der Elternarbeit
- Erarbeitung leicht verständlicher, praktischer Informationen über Frühfördermöglichkeiten
- Erzieherinnen befassen sich im Rahmen von externen oder internen Fortbildungen mit dem Erkennen von Frühförderbedarf bei Kindern
- Eine Fachberatung des Trägerverbands besucht regelmäßig die Einrichtung mit dem Ziel des Erkennens von Kindern mit Frühförderbedarf
- Regelmäßige Fallbesprechungen der Erzieherinnen mit der Fachberatung
- Eltern werden ermutigt und unterstützt, Frühförderung für ihr Kind zu ermöglichen

Vielfach unbefriedigend ist die Verknüpfung zwischen Kindergarten und Schule. Frühförderung endet meistens mit dem Schuleintritt.

## 4.4. Kindergarten als Nachbarschaftszentrum – Herzstück einer familienfreundlichen Gemeinde

Kindergarten der Gemeinde und Familienarbeit der Gemeinde kann nur recht erfasst werden, wenn sie wesentlich auch als diakonisches Handeln aufgefasst werden. Das macht eine Situationsanalyse der Familie deutlich: »*Unsere Gesellschaft ist von einer ›strukturellen Rücksichtslosigkeit‹ (F. X. Kaufmann) gegenüber Familien bestimmt. Mit der Geburt des Kindes werden die Mütter vom öffentlichen Leben isoliert, angebunden und festgehalten in der Aufgabe, das Kind zu betreuen. Berufs- und Familienarbeit sind meist nur schwer miteinander zu vereinbaren. Davon sind wiederum vor allem die Mütter betroffen. Die Betreuung der Kinder muss oft mühsam erkämpft werden. Berufliche Zwänge nötigen oft zu langer Abwesenheit der Väter von den Familien (Distanzen zwischen Wohnung und Arbeitsplatz, Dienstreisen …). Berufskarrieren erzwingen Umzüge, bringen die Entwurzelung der Familie mit sich. Kinder sind sich oft über längere Zeit selbst überlassen. Schon 1984 mussten 34 % der unter dreijährigen zwei Stunden täglich ohne Betreuung auskommen (Fthenakis). Die Zeitrhythmen der Kinder und der Erwachsenen passen nicht zusammen. Kinder werden aus ihren Spiel- und Lernvollzügen nach dem Diktat der Uhr herausgerissen. Öffentliche Räume sind vornehmlich auf die Bedürfnisse der Erwachsenen zugeschnitten, für Kinder immer weniger zugänglich. Kinder werden zwischen verschiedenen Aufenthaltsorten und Lebensräumen hin und her transportiert, damit zugleich von einer altersangemessenen Beteiligung am gesellschaftlichen Leben ausgeschlossen (Verinselung). Bei den Klein- und Kleinstfamilien wird aufgrund der Verminderung der Verwandtschaftsbeziehungen und anonymisierender Tendenzen das Geflecht tragfähiger emotionaler Beziehungen dünner. Die Netzwerkbeziehungen sind heute, anders als in der traditionellen Gesellschaft, weniger durch Sitte oder Gewohnheit vorgeprägt, sie müssen vielmehr durch entsprechende Strategien gefunden und erworben werden*

*(K. Neumann). Groß ist deshalb der Bedarf nach Entlastungs- und Unterstützungssystemen. Die Belastung der Familien steigert sich in konflikthaften Lebenslagen: in Beziehungskrisen der Eltern, Scheidungsfamilien, der ökonomischen Benachteiligung der Alleinerziehenden, vor allem der Frauen, Krankheit, Behinderungen, Ablösungskonflikten u. a. Familien brauchen Perspektiven des ›Heilseins‹ jenseits der überfordernden Ideale oder wirklichkeitsfremder Idyllen. Gerade die Verlagerung religiöser Vorstellungen von den Kirchen in die Geborgenheit der Familie, die religiöse Überhöhung des Familienideals zeigt das Bedürfnis nach Bildern des Gelingens. Hier ist auch weiterhin der christliche Glaube gefordert, der in seinen biblischen Bildern und Vorstellungen vom Heilsein Realität und Hoffnung zusammenbringt. Biblische Verkündigung nimmt die Realität ernst und stärkt das Hoffen auf Gelingen der familiären Beziehungen trotz der gegenläufigen Kräfte. Sie gewinnt Glaubwürdigkeit durch das diakonische Engagement. Aus ihm kann das Vertrauen wachsen, dass die kleinen Schritte des Stützens und Begleitens getragen sind von der Hoffnung auf das Gelingen, das Gott schenken wird.«*[17]

Die Vision einer sich aus Kindergarten und gemeindlicher Familienarbeit entwickelnden *familienfreundlichen Gemeinde* ist umfassend und am angemessensten in den vier Dimensionen gemeindlichen Seins zu beschreiben (Kindertagesstätte – Leitfaden zur Konzeptionsentwicklung):

- eintreten für das Leben – Gemeinde als Selbst-Hilfe-Raum durch Gestaltung lokaler Kontaktnetze und Entlastungssysteme (Diakonia)
- Lebensmöglichkeiten erschließen, Orientierung finden – Gemeinde als Lernraum: zusammenleben und glauben lernen (Martyria)
- dem Glauben Gestalt geben – Gemeinde als Feierraum: im Jahreskreis vergewissern, was das Leben trägt (Leiturgia)
- in Gemeinschaft leben – Gemeinde als Begegnungsraum: gemeinsam etwas unternehmen und erleben (Koinonia)

**Entscheidend ist die Frage: Was kann der Beitrag einer Gemeinde sein, damit Familien am Ort, im Stadtteil gut leben können?**

Ein Modellprojekt des Diakonischen Werks Pfalz in der Gemeinde Roxheim-Bobenheim zeigt, welche Impulse vom Kindergarten für Gemeinde und Stadtteil ausgehen können, so dass sich der Kindergarten tatsächlich zu einer Art Nachbarschaftszentrum entwickeln kann: »Das Modellprojekt war Anlass, über die Gestaltung des Gottesdienstes neu nachzudenken. Es entstand ein Kreis aus Eltern, Erzieherinnen, Pfarrer, Gemeindediakon und KindergottesdienstmitarbeiterInnen, der Gottesdienste plante und gestaltete, die besonders Kinder und Familien ansprachen. Die Familiengottesdienste fanden alle zwei Monate mit anschließendem Mittagessen statt, das von verschiedenen Gemeindegruppen vorbereitet wurde. Das gemeinsame Essen förderte nicht nur generationenübergreifende Kontakte in der Gemeinde, sondern diente auch der konkreten Entlastung von Familien mit Kindern. Außerdem wurde auf Initiative von Eltern, Erzieherinnen und Pfarrer neben dem bestehenden Kirchenchor ein Singkreis gegründet, der sich besonders an junge Familien als Zielgruppe wandte. Der Kreis wuchs auf etwa 35 bis 40 SängerInnen an. In den Singkreis kamen »Nah- und Fernstehende« der Kirche. Besonders Neuzugezogene nutzten die Gelegenheit, Kontakte zu knüpfen. Hier gelang die Vernetzung zwischen Kindergärten, kirchlicher und kommunaler Gemeinde. Im Laufe des Modellversuches öffnete sich die Kirchengemeinde stärker gegenüber den Lebenssituationen von Kindern und Familien. Diese Entwicklung zeigte sich auch darin, dass die Gemeinde für Einelternfamilien die Kinderbetreuung mit trug und das Gemeindehaus anderen Familiengruppen zur Verfügung stand. Die neuen Gruppen, die weitgehend selbständig arbeiteten, wünschten sich eine intensivere Begleitung … Außerdem wurde in Gesprächen mit Eltern deutlich, dass offene Angebote für Kinder zwischen sieben und zwölf Jahren sowie eine Vermittlungs- und Informationsstelle von »Hilfsangeboten« für Familien fehlte. Aus der Diskussion über diese offenen Bedarfslagen entwickelte sich die Idee des »Familienbüros«: Eine Honorarkraft sollte die im Bereich von

Kindern und Familien entstandenen Selbsthilfegruppen begleiten und beraten. Sie entwickelte mit anderen Erwachsenen unter dem Logo »Kunterbunt« offene Angebote für Kinder in Projektform. Die Koordinatorin des Familienbüros baute einen Babysitterdienst auf, vermittelte Tagesmütter, förderte familiäre Nachbarschaftshilfe und informierte über Institutionen, die Familien und Kinder in schwierigen Situationen helfen.«[18]

Es ist wahrlich ein *Markt der Möglichkeiten*, der sich bietet, wenn der gemeindliche Kindergarten als ein Herzstück der Gemeindearbeit, des gemeindlichen Seins verstanden wird. Eine Liste führt nicht weniger als 64 Ideen für aktivierende Elternarbeit von *Auktion* über *Familienrallye* und *Großelternnachmittage* bis zum *Zeltwochenende der Väter mit ihren Kindern.*[19]

## 4.5. Mitwirkung der Eltern – aber nicht nur beim Basteln

Eine Weiterentwicklung des Kindergartens sowohl konzeptionell, hinsichtlich der Innen- und Außenraum-Gestaltung als auch im Blick auf eine Vernetzung mit der herkömmlichen gemeindlichen Familienarbeit hin zu einer »familienfreundlichen Gemeinde« kann nicht ohne Partizipation der Eltern gelingen. Die Umgestaltung von Innen- und Außenräumen ist schon rein finanziell ohne aktive Mitarbeit von Eltern nicht leistbar. Diese Partizipation sollte aber nicht erst beginnen, wenn es um die Umsetzung geht. Eltern sollten bereits an der Planungsphase voll beteiligt werden. Ansatzpunkt dafür ist der gewählte Kindergartenbeirat. Dazu eignet sich am besten die Arbeitsform einer Projektgruppe, also eines zeitlich befristeten Arbeitskreises mit einem Ziel, mit Anfang und Ende. Der Umbau und die erweiterte Neugestaltung der Außenanlagen des Kindergartens Nürnberg-St. Lukas wurde mit einer Projektgruppe bestehend aus Eltern, Erzieherinnen, Fachberatung, Kirchenvorstandsmitglied, Jugendreferentin und Pfarrer geplant. Breiten Raum nahm eine »Erkundungsphase« ein, während der zahlreiche Kindergärten durch kleine Teams erkundet wurden. Ein Wahrnehmungsbogen half beim Festhalten der Eindrücke. Die Erfahrungen wurden in der Projektgruppe ausgewertet und auf dieser Grundlage Kriterien für die Ausschreibung zur Umgestaltung der Innenräume und der erweiterten Neugestaltung der Außenanlage festgelegt. Die eingereichten Entwürfe wurden diskutiert und für den Kirchenvorstand eine Empfehlung ausgesprochen. Die Erfahrungen mit der Projektgruppe waren für Eltern, Erzieherinnen und Träger so positiv, dass man nach dem Umbau mit einer neuen Projektgruppe weitermachte, die unter dem Thema steht: »Kindergarten und was noch – was brauchen Eltern und Kinder vor, während und nach der Kindergartenzeit«. Auch ehemalige Kindergarteneltern arbeiten in dieser Projektgruppe mit. Ziel ist es auch, Wege zu einer Vernetzung von Kindergartenarbeit mit gemeindlicher Kinder- und Familienarbeit zu finden.

Dieses prozesshafte Arbeiten erfordert zwar eine längere Planungszeit, bringt aber sowohl vom Ergebnis als auch im Blick auf die Motivation aller Beteiligten so hervorragende Ergebnisse, dass sich der Aufwand an Zeit und Mühe für alle lohnt.

## 4.6. Offener Kindertreff – Kinderhaus

Offene Jugendtreffs haben sich längst als eine Form der Jugendarbeit etabliert.

Das Problem aber, nicht wissen, wohin, bzw. eine Möglichkeit zu haben, sich wo treffen zu können, stellt sich nicht erst bei Jugendlichen, sondern schon bei Kindern.

Ein offener Kindertreff, ein »Kinderhaus«, könnte hier Abhilfe schaffen. Es müsste so eingerichtet sein, dass die Kinder zum Spielen kommen können, es hätte Leseecke, Brettspielecke, Möglichkeiten zum kreativen Gestalten, für Bewegungsspiele. Nur eines sollte es dort nicht geben: Fernseher und Video – nicht weil diese grundsätzlich abgelehnt würden, sondern damit die Kinder Alternativen kennen lernen können. Das Betreuungsteam könnte aus einem Mix von hauptamtlichen und ehrenamtlichen Kräften bestehen. Denkbar wäre auch, dass lokal Jobs mit geringfügiger Beschäftigung geschaffen werden. Basis könnte eventuell eine Elterninitiative sein: Eltern wechseln sich gegenseitig im Kinderhaus ab. Es ließen sich aber durchaus Verknüpfungen mit der Großelterngeneration herstellen: Ein Rentner bastelt mit den Kindern, jemand anderes liest Geschichten vor usw. Wenn sich jemand findet, der gut erzählen kann, könnten auch »Lebensgeschichten« erzählt werden. Rechtliche Fragen, etwa hinsichtlich Aufsichtspflicht und Haftpflicht, wären zu klären. Im Kinderhaus könnte auch Hausaufgabenbetreuung angeboten werden.

So ein Kinderhaus oder Kindertreff könnte gerade in Gebieten mit sozialen Problemen wichtig sein. Ideal wäre es, wenn ein Kindergarten in diesem Sinn weiterentwickelt würde durch die Vernetzung bisheriger gemeindlicher Kinderbetreuung mit der Kindergartenarbeit.

## 4.7. Gemeindewerkhaus

Diese Idee könnte für Gemeinden interessant sein, in deren Gebiet sich ein hoher Anteil an Sozialwohnungen und verdichteter Bebauung befindet, wo viele keine eigenen Räume für Hobbys, Werkräume und Ähnliches haben.

Erforderlich sind dafür ein Lagerhaus oder größere Kellerräume. Dort wäre Platz für Werkstatt, Töpferei, Backofen oder auch für Modellanlagen. Größere Geräte könnten gemeinschaftlich beschafft werden, für persönliche Gerätschaft müsste jeder seinen eigenen Schrank haben. Als Organisationsform könnte eine Art Genossenschaft in Betracht gezogen werden. Menschen kämen dadurch zusammen. Männer könnten angesprochen werden, die erfahrungsgemäß für das Gemeindeleben viel schwerer zu erreichen sind. Und das Ganze würde ein gewisses Gegengewicht zur Kopflastigkeit herkömmlicher gemeindlicher Aktivitäten bilden.

# III. HANDWERKSZEUG FÜR DIAKONISCHE GEMEINDEENTWICKLUNG

## 1. Von Grundhaltungen, Einstellungen und ersten Schritten

Diakonische Gemeindeentwicklung beginnt im Kopf. Sie beginnt mit Einstellungen und Grundhaltungen.

Die erste und wichtigste ist:

### DIAKONIE ALS ZENTRALE, WESENTLICHE SACHE EINER GEMEINDE BETRACHTEN

Nicht froh zu sein, möglichst wenig damit zu tun zu haben. Sich nicht damit begnügen, vielleicht gerade noch die Verantwortung für eine Diakoniestation, einen Kindergarten mitzuschleppen. Wer Pfarrerin oder Pfarrer ist, hat in seiner Ausbildung sowohl an der Universität als auch im Predigerseminar herzlich wenig von Diakonie mitbekommen und noch weniger von gemeindebezogener Diakonie. Weder theologisch noch sachlich darauf vorbereitet, erscheint dann Diakonie leicht als eine Aufgabe, auf die man eigentlich gar nicht vorbereitet ist. Nur zu leicht ist man dann froh, auf übergemeindliche Träger verweisen zu können, dort den eigentlichen Ort von Diakonie anzusiedeln. Das ist falsch.

Dieser ersten und wichtigsten Grundeinstellung folgt ein zweiter Schritt:

### WAHRNEHMEN

Wahrnehmen, was es an Diakonischem in der Gemeinde gibt. Den Blick nicht auf die Engführung »Diakonie = Diakoniestation« beschränken. Wahrnehmen, wie es »läuft«, organisiert ist, wer die Verantwortung trägt, ob es im Kirchenvorstand ein Bewusstsein für Diakonie als Sache der Gemeinde gibt. Falls ein diakonischer Trägerverein im Verbund mit anderen arbeitet, darauf achten, ob und wie der Gemeindebezug noch vorhanden ist. Sich nicht von diakonischen Sonntagsreden über die Wichtigkeit von Gemeindediakonie blenden lassen. Es wird vieles dafür ausgegeben, was diese Bezeichnung überhaupt nicht verdient. Dazu sind keine großartigen Analysen oder Erhebungen nötig, sondern einfach achtsames Wahrnehmen.

Diesem nach innen, auf das Vorfindliche gerichtete Wahrnehmen sollte ein erkundendes, äußeres Wahrnehmen korrespondieren. Versuchen, die Nöte, Defizite, Probleme, Leiden in der Gemeinde und ihrem Umfeld aufzuspüren. Befindet sich eine Unterkunft für Asylbewerber im Gemeindegebiet, so ist das nicht schwer zu »entdecken«. Es darf aber nicht der Blick auf die Leiden und Nöte der »ganz normalen« Mitglieder der Gemeinde verloren gehen. Nöte und Leiden dort zu entdecken ist manchmal gar nicht so einfach.

Auch für diesen Aspekt braucht es keine aufwendigen Analysen und Statistiken. Durch Zuhören, durch Besuche, durch Liebe und Achtung für die Menschen in der Gemeinde ist der Erkenntnisgewinn wesentlich höher. Verfügt die Gemeindeverwaltung über EDV, so ist es ein Leichtes, z. B. die Zahl der Alleinerziehenden zu ermitteln.

### EIN GESPÜR FÜR TOPOS[20] UND KAIROS ENTWICKELN:

Den Blick für den jeweiligen besonderen Ort (Topos) einer Gemeinde schärfen. Keine Gemeinde gleicht der anderen, jede ist einzigartig und unverwechselbar. Jede hat ihren ganz eigenen Charakter, sowohl was Chancen und »Gaben« als auch Schwierigkeiten und Hemmschuhe angeht. Es lohnt sich, auf Schatzsuche nach dem Besonderen einer Gemeinde zu gehen. Das Erkennen des Topos der Gemeinde wird eine große Hilfe bei der Gemeindeentwicklung sein.

Es kommt aber auch auf den rechten Zeitpunkt, die richtige Gelegenheit an (Kairos).

So wäre z. B. das Gemeindeentwicklungsprojekt »Eibach 2000«[21] in Nürnberg nicht in Gang gekommen, hätte es nicht das 650-Jahr-Jubiläum der

Kirche gegeben (»650 Jahre hinter uns – Eibach 2000 vor uns«). Eine Nase zu haben, wann was passt, ist ein Gottesgeschenk, sensibilisieren kann man sich aber selbst dafür. Ein neu gewählter Kirchenvorstand kann so ein Kairos sein, ein aktueller Anlass oder ein Gemeindemitglied äußert eine Idee, die man auch schon lange mit sich herumtrug – nun ist der Augenblick gekommen … – Das Erkennen und Erspüren des besonderen Orts und des richtigen Augenblicks bedarf einer Gefährtin: die Chance.

## SICH BIETENDE CHANCEN NUTZEN

Sich bietende Chancen flexibel, entschlossen, ideenreich und tatkräftig nutzen. Diese Haltung lässt sich auch als das »Greifvogel-Prinzip« bezeichnen. Sich bietende Chancen nutzen wie ein Greifvogel, der lange und geduldig in den Lüften kreist, bis er seine Beute entdeckt. Gemeinden brauchen keine pessimistischen, trägen Nachlassverwalter und keine, die die anvertrauten Talente nur verbuddeln. Überhaupt: Diakonische Gemeinde und die traditionelle Vorstellung von Pfarramt – irgendwie im Sinn einer Behörde, einer Amtsstube, wo Menschen als Bittsteller eintreten – passen nicht zueinander. Es geht um Dienst, um den Menschen dienlich, förderlich zu sein. Das Pfarramt der Zukunft ist ein Gemeindebüro als Organisations-, Kommunikationszentrale und als Anlauf- und Kontaktstelle, gewissermaßen die Gemeinderezeption. Das auch durch die Raumgestaltung zum Ausdruck zu bringen ist sicher kein vorrangiges Ziel, sollte aber irgendwann mit bedacht werden.

Ist Ihnen diakonische Gemeindeentwicklung ein Anliegen geworden, so benötigen Sie Verbündete.

## VERBÜNDETE SUCHEN

Als Einzelkämpfer kann Dauerhaftes nicht erreicht werden. Viele Strohfeuer entstehen und vergehen, weil eine Initiative letztlich nur von einer Person getragen worden ist, sei es eine hauptberufliche oder ehrenamtliche.

Deshalb gilt: zum *Headhunter*, zum *Kopfjäger*, oder biblisch gesprochen zum Menschenfischer werden. Es lohnt die Suche nach Begabungen, Interessenten, Kompetenzen in der Gemeinde. Es ist immer wieder erstaunlich, zu merken, zu entdecken, wie viele bereit sind, sich zu engagieren. Der Verfasser merkt oder schreibt sich auf, wenn er bei Besuchen oder Begegnungen, manchmal nur in Nebensätzen oder Zwischentönen, spürt: Da ist jemand für die und die Sache ansprechbar. Der Radius sollte dazu über den Bereich der so genannten Kerngemeinde hinaus reichen. Im Gegenteil, ein Grundsatz sollte sein: Dies und jenes wird nur angepackt, wenn es nicht immer die bereits schon Engagierten tun sollen. Wer Neues angehen möchte, Bestehendes stärken und bewahren oder verändern, der muss entweder selbst die Begabung zum Flügelstürmer haben oder aber andere als *Flügelstürmer* stützen und fördern. Was wäre aber ein Flügelstürmer ohne die anderen Mitglieder der Mannschaft? Das will sagen: Es geht darum, Innovations- und Entwicklungsprozesse in Gang zu bringen.

## ENTWICKLUNGSPROZESSE IN GANG BRINGEN

Um diakonische Gemeindeentwicklung in Gang zu bringen, ist die erste Adresse hier der Kirchenvorstand. Dort ist das Thema zuerst einzubringen. Auf eine gute Präsentation ist zu achten. Ein nächster Schritt kann ein *Runder Tisch* oder eine *Gemeindeversammlung* sein. Dem könnte sich dann eine vom Kirchenvorstand beschlossene Projektgruppe anschließen, die sich schwerpunktmäßig damit befasst. Bei der Zusammensetzung dieser Projektgruppe ist es wichtig, bisher nicht einbezogenen Gemeindemitgliedern, vielleicht sogar welchen, die noch gar nicht bekannt sind, die Möglichkeit zur Mitarbeit zu geben. Bei der Bildung einer Projektgruppe gibt es zwei Möglichkeiten: Sie wird aus mehr oder weniger Gleichgesinnten gebildet. Dadurch wird sie schnell und effektiv arbeiten können. Sie wird aufgrund ihrer Homogenität Ideen und Projekte entwickeln können. Die Probleme werden aber dann auftreten, wenn es um die Umsetzung gehen wird, wenn der Kirchenvorstand oder die Vorstandschaft eines Diakonievereins mit Entscheidungen gefordert ist. Die andere Möglichkeit ist die einer gemischten Zusammensetzung aus innovationsfreudigen und aus skeptischen Personen. Das macht das Arbeiten in der Projektgruppe schwerer, man wird langsamer vorankommen. Es kann aber den Vorteil haben, dass durch diesen, dann mit Sicherheit mühsamen Gruppenprozess Ängste, Vorbehalte und Missverständnisse abgebaut werden können, die zu einem späteren Zeitpunkt, wo es um die Umsetzung gehen wird, vieles kaputt machen können.

Im Übrigen: Es ist immer gut, einen langen Atem zu haben. Die Phantasie langt nicht aus, was es alles an Widerständen, zumeist verdeckten, psychologisch bedingten, geben kann, die kontraproduktiv zum Anliegen wirken und oftmals in keiner Weise mehr auf der Sachebene liegen. Apropos Gruppenprozess: Auch in einer themenbezogenen Arbeitsgruppe laufen Gruppenprozesse ab, so dass immer zwei Seiten zu beachten sind: die inhaltliche und die kommunikative, psychologische Seite.

Hilfreich wird es sein, wenn eine Projektgruppe sich folgende Fragen stellt und bearbeitet:

> Was haben wir? (Bestandsaufnahme) Wie läuft es? (Analyse) Was gibt es anderswo? (Input, Ideen und Erfahrungen sammeln)
>
> Was brauchen wir? (Bestandsaufnahme des nicht Vorhandenen) Wie können wir es erreichen? (Ziele und Wege)

Ein wichtiger Gesichtspunkt ist die strukturelle, organisatorische, zugleich aber theologische Seite diakonischer Gemeindeentwicklung:

> Wie kann Diakonie so in der Gemeinde verankert werden, dass sie, analog zur Beständigkeit und Kontinuität gottesdienstlichen Feierns, als Sache der Gemeinde getragen und verantwortet werden kann?

Mit der Einsetzung eines Diakoniebeauftragten oder eines Diakonieausschusses ist es nicht getan (nur damit es eben dafür auch noch eine Beauftragung, einen Ausschuss gibt).

*Es geht hier tatsächlich um etwas Neues, um den historischen Schritt, das diakonische Amt in der Gemeinde zu etablieren und einzusetzen. Und das ist etwas, was im 19. Jahrhundert Löhe und Wichern nicht gelungen war!*

## GROSSE VISION UND KLEINE SCHRITTE

Hilfreich wird es auch sein, wenn die »Motoren« einer Entwicklung eine »große Vision« vor Augen und zugleich die Bereitschaft haben, kleine Schritte in Richtung dieser großen Vision zu gehen. Ohne Vision von den Chancen einer Kirchengemeinde als Ort geistlicher und sozialer Heimat wird jeder Mensch über kurz oder lang ausbrennen und im Alltagsgeschäft untergehen. Erforderlich ist Zielstrebigkeit gepaart mit langem Atem. Kleine erfolgreiche Schritte sollen beschwingen, weiter zu gehen ohne Beschränkung auf einen grundsätzlichen Minimalismus. *Glücklich der Mensch, der es schafft, Träumer und Realist zugleich zu sein.*

Die Bedeutung der finanziellen Seite ist nicht zu unterschätzen. Der Gedanke der *Haushalterschaft* ist gerade in unserer Zeit von größter Bedeutung. Wer selbst kein Finanzgenie ist, sollte die Weisheit haben, jemand darin Kompetenten zu gewinnen. Und schließlich:

## ZUR SPINNE WERDEN

Zur *Spinne werden*: ein Beziehungsnetz spinnen, vernetzen, integrieren, zusammenbringen, was unverbunden nebeneinander her läuft durch kommunizieren, informieren, absprechen und einbeziehen.

Dem Thema Kooperation ist im nächsten Kapitel ein eigener Abschnitt gewidmet. Bereits am Anfang dieses Buches wurde erwähnt, dass im Ort oder Stadtteil einer Gemeinde nirgendwo so viel Kompetenz über Lebensumstände und Probleme der Menschen vorhanden ist wie bei der Gemeinde durch ihre beruflichen wie ehrenamtlichen Mitarbeitenden, wenn sorgfältig untereinander kommuniziert und informiert wird.

Das »Spinnenprinzip« gilt keineswegs nur für den innerkirchlichen Bereich, sondern ebenso für Personen und Institutionen im Umfeld der Gemeinde.

Allerdings, es geht nicht ohne persönlichen Einsatz. Die Fähigkeit, auf Menschen zugehen zu können, ist unverzichtbar.

# 2. Sich angemessener Arbeitsweisen bedienen

Mit diesem Kapitel werden Themen angesprochen, die wichtig und hilfreich sind für diakonische Gemeindeentwicklung. Um diese nicht im luftleeren, abstrakten Raum zu verhandeln, werden sie häufig an der konkreten Situation von Diakonie-Sozial-Stationen oder anhand der Kindergartenarbeit dargestellt. In beiden Handlungsfeldern hat sich ein hoher Grad an Professionalität entwickelt, dessen Erfahrungen für diakonische Gemeindeentwicklung fruchtbar gemacht werden können. Das diakonische Handlungsfeld »ambulante Krankenpflege« hat sich seit Einführung der Pflegeversicherung in der rauen Welt des freien Marktes zu behaupten. Prototyphaft findet hier bereits etwas statt, mit dem Gemeinden in den nächsten Jahren massiv konfrontiert sein werden: ihren Weg, ihre Rolle zu finden in einer Gesellschaft, die immer weniger bereit ist, der Volkskirche für ihr Sein und ihre Arbeit Schutzräume und Privilegien zuzugestehen. Darauf sollten sich Gemeinden bewusst vorbereiten, um nicht davon überrollt zu werden und in lähmende Resignation zu fallen. Gemeinden haben sich der Konkurrenz auf dem Markt der religiösen Angebote zu stellen.

## DER HÄSSLICHE GRABEN ZWISCHEN GEMEINDE UND DIAKONIE

Es ist erschreckend, wie groß und tief in vielen Gemeinden die Kluft, der Abstand zwischen Gemeinde und Diakonie, vor allem Diakoniestationen ist. Es ist bedrückend zu hören, wie oft Pflegedienstleitungen darunter leiden. Ein besonders krasses Beispiel liefert eine Gemeinde in Nürnberg. Die Diakoniestation des eigenen Trägervereins tut sich schwer, im Gemeindeboten präsent zu sein, weil ein privater Pflegedienst für seine Werbung im Gemeindeboten zahlt. Ein anderes Beispiel: Die Station eines gemeindlichen Diakonievereins will sich vergrößern auf einer Liegenschaft der Kirchengemeinde: Der Kirchenvorstand sieht darin eine Chance, möglichst viel Geld einzunehmen, anstatt der Station durch ein faires Angebot entgegenzukommen.

Die Verschränkung mit der Kirchengemeinde ist häufig nur personenbezogen via PfarrerIn oder via einer Person, die auch in der Kirchengemeinde direkt engagiert ist. Das ist aber zu wenig. Die Geschäftsführerin eines Diakonievereins berichtete dem Verfasser von ihren Erfahrungen: Es sei ein Trugschluss zu meinen, es lange für die Verbindung zwischen Gemeinde und Trägerverein aus, wenn der oder die GemeindepfarrerIn im Vorstand sitze. Vielen fehle das Verständnis und der Bezug dazu, dass Diakonie eine Sache der Gemeinde sei. Informationen würden nicht weitergegeben, Innovationen blockiert.

Besonders krass ist der Abstand zwischen Diakonie und Gemeinde dort, wo z. B. in Diasporagebieten Diakonie auf Dekanatsebene entwickelt worden ist.

Wie kann der hässliche Graben zugeschüttet oder zumindest allmählich eingeebnet werden?

## WEGE ÜBER DEN GRABEN

Möglichkeiten, diesen Graben zu überbrücken, könnten sein:

- sich kennen lernen, persönliche Bezüge herstellen
- sich gegenseitig informieren
- gemeinsame Dienstbesprechungen
- nach Wegen der Vernetzung suchen z. B. im Zusammenspiel von gemeindlicher Seelsorge und der Seelsorge durch die Pflegekräfte, im Zusammenspiel von offener Altenarbeit und Station, in der strukturellen Vernetzung von Kirchengemeinde und Trägerverein durch juristische Mitgliedschaft und Organanleihen
- in der Gemeinde, im Kirchenvorstand das Bewusstsein stärken, dass Diakonie zum Auftrag der Gemeinde gehört und mehr umfasst als ambulante Pflege

- ständige Präsenz der Station im Gemeindeboten und bei gemeindlichen Veranstaltungen
- gottesdienstliche Präsenz (z. B. Diakoniesonntag, gottesdienstliche Einführung der Pflegedienstleitung)

## QUALIFIZIERTE LEITUNG: SOZIALMANAGEMENT – DAS NEUE ZAUBERWORT?

Managementmethoden, Unternehmensstrategien, Stichworte wie Marketing, Controlling, Personalentwicklung, Corporate Identity u. v. m. üben seit etlichen Jahren eine starke Anziehungskraft auf den kirchlichen Raum aus. Schon gibt es Bücher oder Periodika mit Titeln wie »Unternehmen Kirche« u. Ä. In vielerlei Hinsicht mit gutem Recht. Es gibt allerdings Strömungen, die darin mehr oder weniger das Heil für die Zukunft der Kirche sehen. Davor ist zu warnen. Die stromlinienförmigste Kirchenstruktur, die optimale Anwendungen von Managementmethoden und Unternehmensstrategien und die beste Angebotssteuerung wird ins Leere greifen, wenn es nicht zu einer Neubesinnung auf das Zentrum und Eigentliche der Kirche kommt: Es geht um den gemeinschaftlich und persönlich gelebten Glauben an den menschenfreundlichen Gott, wie er sich mit Jesus Christus gezeigt hat. Insofern darf all diesen Methoden und Strategien nur dienende Funktion zukommen. Sie dürfen und können nicht den Glauben ersetzen.

## LEIDEN AN DEFIZITÄREN LEITUNGSSTRUKTUREN UND UNPROFESSIONELLER FÜHRUNG

Viele Stationen leiden unter unqualifizierter Führung durch ehrenamtliche Vorstände, überlastete PfarrerInnen und unterentwickelte Leitungsstrukturen.

Oft liegt genau dort die eigentliche Existenzgefährdung. Während es für Pflegedienstleitungen und Geschäftsführungen hervorragende Weiterbildungen in diesem Bereich gibt, halten ehrenamtliche Vorstände dies häufig nicht für nötig oder sehen sich zeitlich einfach nicht in der Lage dazu.

Vielfach sind die Leitungsstrukturen im Blick auf die heutigen Erfordernisse völlig ungenügend entwickelt, um fachkundig und flexibel ihren Aufgaben gerecht zu werden. In vielen Trägervereinen sind PfarrerInnen per Satzung geborene Vorsitzende, unabhängig davon, ob sie dafür spezielles Interesse haben oder die nötige Kompetenz. Dies ist ausgesprochen kontraproduktiv für diakonische Gemeindeentwicklung.

Die ungenügenden Leitungsstrukturen der vielen Trägervereine und mangelndes Bewusstsein von Diakonie als Sache der Gemeinde können zu einer größeren Gefahr für gemeindegestützte Diakonie werden, mehr als die veränderten gesellschaftlichen Rahmenbedingungen.

Seit Einführung der Pflegeversicherung hat sich mit rasantem Tempo eine ganz neue, oft hoch qualifizierte und sehr motivierte kirchliche Leitungs- und Berufsgruppe gebildet: GeschäftsführerInnen von Diakonie-Sozial-Stationen. Meistens völlig unterbezahlt leisten sie an einer dynamischen Front gesellschaftlicher Veränderungen, eingeklemmt zwischen Vorständen und Pflegedienstleitungen, hervorragende Arbeit in einem Bereich, der gerade für Kirchenferne als Schlüsselfunktion der Kirche angesehen wird. Gegenwärtig ist es noch so, dass sich diese Führungsebene Frauen erschlossen haben, die vielfach als Seiteneinsteigerinnen über Verwaltungstätigkeiten oder aus dem Pflegebereich kommen. Ohne die Methoden von Sozialmanagement wird auf Dauer keine Station überlebensfähig sein. Ähnliches gilt für die Kindergärten, wo die großen, marktorientierten Veränderungen sich bereits deutlich abzeichnen.

## MANAGEMENT BEGINNT MIT EINER VISION

Wer ohne Träume und Visionen leitet, wird nur Verwalter des Ist-Stands sein und sehr schnell zum Nachlassverwalter vergangener Herrlichkeiten werden. »Wer keine Vision hat, kann sich auch keine kaufen«, wurde einmal in einer Fachzeitschrift getitelt. Aus Träumen werden Visionen und aus Visionen Ziele. Von Roman Herzog stammt der zutreffende Gedanke:

*»Visionen sind Strategien des Handelns, das unterscheidet sie von Utopien. Zur Vision gehören Mut, Kraft und die Bereitschaft, sie zu verwirklichen.«*

## INNOVATIONSFREUDE UND MUT ZUM KALKULIERTEN RISIKO

Wer sich auf Bestehendes beschränken will, wird auch dieses verspielen. Den Herausforderungen im Blick auf den diakonischen Auftrag und den gesellschaftlichen Erfordernissen kann nur mit Innovationsfreude entsprochen werden. Aber es gibt keine Erneuerung ohne Risiko. So banal es klingt, es gibt nichts ohne Risiko, und gar nichts zu tun ist die riskanteste Verhaltensweise. Innovationsfreude und Mut zum kalkulierten Risiko beziehen sich keineswegs nur auf den finanziellen Bereich, sondern auf alle Bereiche: Personalentwicklung, Handlungsfelder, Arbeitsweisen und Strukturen.

## FÜHREN MIT ZIELEN

Ohne Ziele kann nicht angemessen geführt werden. Zielorientiertes Handeln ist von entscheidender Bedeutung für gelingendes Führen. Das gilt für das ganze Gefüge von Gesamtzielen bis hinunter zu den Kleinzielen der täglichen Aufgabenbewältigung. Ein großer Teil von Führen besteht aus dem Entwickeln und Vereinbaren von angemessenen, realitätsbezogenen Zielen. Von großer Bedeutung ist die Entwicklung einer Gesamtkonzeption mit Leitbild, Leitsätzen und Zielen.

## STRUKTURIERTE ARBEITSWEISE

Wer kennt das nicht bei sich selbst und bei anderen: das Stöhnen über fehlende Zeit. Von Freya v. Moltke gibt es einen großartigen Satz: *»Menschen, die sehr viel leisten, haben ja meistens Zeit, denn sie kommen mit der Zeit irgendwie besser zurecht.«*

Viel Überforderung und viele Überstunden entstehen, viel Arbeitskraft und Arbeitszeit wird aufgefressen durch unstrukturierte Arbeitsweise. Da steht die Tür zum Büro immer offen und jeder kann zu einem dienstlichen oder sonstigen Plausch vorbeikommen. Dahinter kann die Flucht vor konzentriertem Arbeiten stehen.

## DER SCHATZ, DER VERMODERN KANN: MITARBEITER/INNEN

Personalführung muss Personalentwicklung sein: das richtige Erkennen der individuellen Gaben und Schwächen und ein situationsbezogener Umgang damit. Ein Rennpferd muss man im Rahmen des Auftrags rennen lassen und darf es nicht als Kettenhund oder Dressurpferd halten wollen. Einen bedächtigen Ackergaul aber auf die Rennbahn zu schicken macht alle unglücklich. Strukturierte Jahresgespräche mit klaren Zielvereinbarungen, die im Jahr darauf reflektiert werden, sollten Standard werden.

Gute Führungspersönlichkeiten sind in der Lage, verschiedene Führungsstile anzuwenden, je nach Bezugsperson. Da gibt es MitarbeiterInnen, die sind zu stützen, andere brauchen Freiräume, wieder andere wollen klare Arbeitsaufträge. Situativer Führungsstil nennt das die Fachsprache.

Eine hoch motivierte, dazu in allen Bereichen fähige Pflegedienstleitung mit betriebswirtschaftlichem Bewusstsein kann »kaputt« gemacht und demotiviert werden, wenn sie hierarchisch geführt wird ohne Freiräume. Personalführung als Personalentwicklung bedeutet aber auch, sich der harten Tatsache bewusst zu werden, dass es Leute am falschen Platz gibt. Vor den dafür notwendigen harten und schmerzhaften Konsequenzen darf dann nicht zurückgeschreckt werden, auch im kirchlichen Raum nicht. MitarbeiterInnen haben einen Anspruch, in angemessener Weise an der Entwicklung von Zielen beteiligt zu sein. Die schönsten Pläne von oben bringen wenig, wenn es nicht gelingt, einen Prozess gemeinsamer Zielentwicklung in Gang zu setzen und Begeisterung für die Sache zu wecken. Corporate Identity ist weit mehr als ein gemeinsames Erscheinungsbild auf Fahrzeugen, Kleidung und Papier – dieses allerdings auch.

## DIE WIEDERENTDECKUNG DES JOBS ALS BERUF

Die Zeiten sind vorbei, wo das Gehalt gerade mal als »Startgeld« aufgefasst werden darf, zur Arbeit zu erscheinen. Seinen Job wieder als Beruf aufzufassen bedeutet auch eine gewisse Identifikation mit der Einrichtung, für die man tätig ist. Insbesondere von Führungskräften darf erwartet werden, dass sie nicht mit der Stoppuhr in der Hand ihre Stunden abreißen. Die starren kirchlichen Arbeitsvertragsrichtlinien erweisen sich zunehmend als Klotz am Bein und erschweren motivierende Bezahlung. Seinen Job als Beruf auffassen zu können fordert aber auch die Führungsebene einer Einrichtung heraus. Sie muss motivierende Rahmenbedingungen schaffen. Diese umfassen weit mehr als einen bestimmten Betrag auf dem Gehaltsauszug: Bietet mir die Arbeitsstelle berufliche und persönliche Entwicklungschancen? Arbeite ich in einem Team oder bin ich BefehlsempfängerIn nicht transparenter Anweisungen? Werde ich als Fachkraft und als Mensch ernstgenommen? Passt das Arbeitsklima? Gibt es eine Konfliktlösungs-Kultur? Kann ich Achtung haben vor der Führungsebene und erlebe ich diese als kompetent? Erfahre ich Wertschätzung? Und vieles mehr.

## INFORMATION UND KOMMUNIKATION IST NICHT ALLES, ABER ALLES WÄRE NICHTS OHNE SIE

Es ist wichtig, ein passendes System von Informations- und Kommunikationsstrukturen zu entwickeln. Es geht um eine Kultur des Informierens und Kommunizierens. Gefordert ist mehr denn je auch die Fähigkeit des Hinhörens und stimmige Gesprächsformen.

Dienstbesprechungen sollten vorbereitet sein mit klaren Zeitrahmen, mit Protokoll, Protokoll-Check und klaren Vereinbarungen. Es muss definiert sein: Hier geht es um Information, hier haben wir etwas zu besprechen und zu vereinbaren und dort geht es um eine klare Anweisung, der Folge zu leisten ist. Viele Besprechungen leiden unter fehlender oder diffuser Struktur, unter der Unklarheit: Geht es jetzt um offenen Austausch und Geselligkeit oder um konzentriertes Abarbeiten von Besprechungspunkten. Wer muss wann mit am Tisch sitzen?

Technische Hilfsmittel wie Handy, Quix, ISDN sind erforderlich, um schnelle Erreichbarkeit zu gewährleisten.

## FORTBILDUNGS-LOGISTIK

»MitarbeiterInnen sind unser kostbarstes Kapital«, heißt es gerne. Diesem schönen Satz steht oft die kirchliche Wirklichkeit entgegen, die nach wie vor »hardware«-orientiert ist. Das will sagen, es ist leichter, für Baumaßnahmen Zustimmung und Mittel zu bekommen als Mittel für Investitionen in MitarbeiterInnen durch solide Personalbegleitung und -führung und gezielte Fortbildungsprogramme. Im kirchlichen Raum gibt es eine unübersehbare Fülle von Fortbildungsangeboten von verschiedensten Anbietern. Dieser verwirrenden Vielfalt entspricht eine weitgehend unkoordinierte Inanspruchnahme. Dringend nötig ist hier eine Änderung der Einstellung hin zu einer »software«-Orientierung und die Entwicklung einer gezielten Fortbildungslogistik: Für die Entwicklung einer gezielten Fortbildungslogistik für Ehrenamtliche wie Hauptamtliche steht ein ganzes Repertoire von Fortbildungsarten zur Verfügung: interne Fortbildungen, wo man sich eigener vorhandener Fachkompetenzen bedient oder jemanden von außen gezielt holt; externe Fortbildungen, die von entsprechenden Trägern angeboten werden; aufgabenorientierte Fortbildungen, die danach fragen, worin Kompetenzerweiterung benötigt wird, wer der Mitarbeitenden benötigt welche Fortbildung oder auch mal: Wem ist eine »just for fun«-Fortbildung zu gönnen, die dem Mitarbeitenden einfach gut tut. Es gibt Fortbildungen für die ganze Gruppe, das Team oder für Einzelne, die dann ihre Erkenntnisse in das Team einbringen.

Nicht nur im Krisenfall kann Einzel- oder Gruppensupervision sinnvoll sein, um die Arbeit und Befindlichkeit zu reflektieren.

## BETRIEBSWIRTSCHAFT ALS KUNST

Betriebswirtschaftliches Bewusstsein und Kenntnisse z. B. in Kostenrechnung, Kalkulation, kaufmännischer Buchführung u. a. sind heute nicht nur von der Vorstandsebene und Geschäftsführung zu fordern, sondern sind von der Ebene der Pflegedienst- und Kindergartenleitungen bis zu einem gewissen Grad zu erwarten. Immer mehr Stationen führen mittlerweile auch spezielle Fortbildungen für das ganze Personal durch, mit dem Ziel aktiven und überzeugenden Vertretens, Verkaufens der gebotenen Leistungen und Preise. Kosten- und Effektivitätsbewusstsein geht alle MitarbeiterInnen einer Einrichtung an. Es hängt von der spezifischen Situation einer Einrichtung ab, ob sie sich Dienstleistung von außen einkauft (Outsourcing), z. B. Mittagsverpflegung für den Kindergarten, diese selbst erbringt oder sich dazu mit anderen Einrichtungen zusammentut. Betriebsabläufe möglichst optimal zu gestalten hat eine durchaus ästhetische Komponente.

Durch die Pflegeversicherung ist der Verwaltungsaufwand potenziert gestiegen. Dadurch sind personen- wie sachbezogen die Anforderungen an die Verwaltung enorm gestiegen. Entsprechende EDV-Programme sind heute unverzichtbare Voraussetzungen für den Betrieb einer Station, um Rechnungsläufe schnell durchzuziehen. ISDN-gestütztes Direkt-Banking ermöglicht schnelles Umbuchen und Anlegen von Geldern. EDV-gestützte Buchhaltung bietet schnellen und zeitnahen Überblick über die Geschäftsentwicklung. Das ist eine Voraussetzung, um flexibel auf Entwicklungen reagieren und gegensteuern zu können und Kostenausreißer nicht erst nach einem Jahr zu entdecken. Was für eine Diakonie-Sozial-Station überlebensnotwendig ist, hat auch für andere gemeindliche Handlungsfelder, insbesondere Kindergarten, Bedeutung.

## AKTIVE FINANZWIRTSCHAFT

Noch immer wird viel Geld »verschwendet«, weil es passiv statt aktiv verwaltet wird. Auf einem Girokonto sollte immer nur das Nötigste zur Deckung der aktuell anstehenden Kosten sein. Man sollte Freude daran haben, vorhandene Gelder den Erfordernissen entsprechend gewinnbringend anzulegen. Grenzen gibt es für kirchliche Einrichtungen natürlich im Bereich riskanter Anlagen. Die heutigen Rahmenbedingungen sehen vor, Hauskrankenpflege gewinnbringend zu führen. Gift ist die Einstellung: diakonisch heißt, keinen Gewinn zu machen. Gewinn, echter Gewinn (Betriebsmittelrücklagen sind noch kein eigentlicher Gewinn), ist nötig, um finanzielle Reserven zu bekommen für Investitionen, Innovationen, für Handlungsfelder, die diakonisch gesehen wichtig, unverzichtbar sind, wo es aber keine öffentlichen Zuschüsse gibt. Viele Vereinsvorstände hatten in den letzten Jahrzehnten als Hauptziel, die Vereinskonten zu mehren. Vor nötigen Investitionen wurde zurückgeschreckt oder nur halbherzig investiert. Rücklagen sind wichtig, keine Frage, aber der Spielraum für Rücklagen gemeinnütziger Vereine wird durch den Fiskus immer enger gezogen. Vielleicht eine ganz heilsame Sache, weil es dazu zwingt, mit finanziellen Ressourcen aktiver umzugehen.

## QUALITÄTSENTWICKLUNG UND -SICHERUNG ALS PROZESS

Qualität wird längst nicht mehr nur als wichtiger Gesichtspunkt für ein »hartes« Produkt wie ein Auto »made in Germany« verstanden. Die Erkenntnis hat sich durchgesetzt, dass Qualität auch für »weiche«, auf Menschen bezogene Arbeit, von hoher Bedeutung ist. Dabei wurde erkannt, dass Qualität sich auf das gesamte soziale System einer Einrichtung, sei es eine Diakoniestation oder ein Kindergarten, bezieht. Stand in den letzten Jahren in der Hauskrankenpflege die Entwicklung von Pflegestandards im Vordergrund, so gewinnt gegenwärtig an Bedeutung, was mit Qualitätsentwicklung und -sicherung, mit kontinuierlichen Verbesserungsprozessen u. Ä. bezeichnet wird. Dahinter steht die Erkenntnis: Eine Diakonie-Sozial-Station, eine Kindertagesstätte, eine Kirchengemeinde ist ein komplexes System. Ich kann Pflege, ich kann die pädagogische Arbeit mit Kindern, die Arbeit einer ganzen Gemeinde nicht isoliert betrachten von betriebswirtschaftlichen Bedingungen, von Personalführung, Strukturen, Kommunikationsprozessen u. v. m. Alles hängt mit allem zusammen. Die Aufgabe der Qualitätsentwicklung des Gesamtsystems wird dabei als Sache aller MitarbeiterInnen aufgefasst, keineswegs als eine nur auf der Führungsebene anzusiedelnde Angelegenheit. Qualitätszirkel arbeiten beständig an der immer unabgeschlossenen Aufgabe, bezogen auf Auftrag und Ergebnis besser zu werden. Methodisch gibt es dazu verschiedene Zugänge und Techniken. Entsprechende Fortbildungen werden verbandsintern oder auch durch Unternehmenstrainer angeboten.

## INTELLIGENTE KOOPERATIONEN STATT UNREFLEKTIERTES REGIONALISIEREN

Fast als ein Allheilmittel macht in der kirchlichen Diskussion der Gedanke der Regionalisierung Furore. Das abgenutzte Stichwort »Kirchturmdenken überwinden« klingt unheimlich chic, übersieht aber die Chancen und das einzigartige, ganzheitliche Entwicklungspotential, das in jeder Kirchengemeinde steckt und als Schatz nur gehoben werden muss. »Intelligente Kooperation« hat zum Ziel, etwas zu ermöglichen, was alleine nicht möglich wäre. Etwas zu ermöglichen, was gemeinsam wirkungsvoller und besser ist als alleine.

Damit z. B. eine Diakoniestation in ihrem Angebot »Essen auf Rädern« als Warmverpflegung anbieten kann, arbeitet sie mit dem Caterer eines Altenheims zusammen. Für eine andere Station wäre der Aufbau einer eigenen Verwaltung unwirtschaftlich. Sie kauft sich Verwaltungsdienstleistung und Anteile an der Geschäftsführung bei einer Nachbarstation ein. Eine Familienpflegerin wäre wirtschaftlich für den Bereich einer oder zweier Gemeinden nicht zu verantworten. Deshalb leisten sich mehrere Stationen zusammen eine Fachkraft, um dieses Angebot ermöglichen zu können. Fortbildungsveranstaltungen werden von mehreren Stationen oder Gemeinden gemeinsam durchgeführt.

Die evangelische Kirchengemeinde Nürnberg-St. Lukas tat sich mit der katholischen Nachbargemeinde und der Grund- und Hauptschule zusammen, um gemeinsam in der Schule einen Jugendtreff, Schülercafé und offene Jugendarbeit aufzubauen. Offene Jugendarbeit ist Diakonie. Bei Jugendfreizeitmaßnahmen wird mit dem städtischen Gesundheitstreff zusammengearbeitet, was auch zusätzliche, sonst nicht zugängliche Fördermittel freisetzt. Zwei Gemeinden tun sich zusammen, um sich einen Bus zu leisten. Alleine hätten zwei Gemeinden keinen Bus. Stationen bilden einen Einkaufsverbund und stärken sich so gemeinsam.

Entscheidend bei Kooperation ist, dass der »Zellkern« der jeweiligen Sache nicht abgegeben wird. Wenn eine Gemeinde ein Handlungsfeld abgibt, um weniger Mühe zu haben, dann hat das wenig mit Kooperation zu tun. Durch gezieltes Outsourcing, dem Einkauf von Dienstleistungen, die selbst durchzuführen oder bereitzuhalten unwirtschaftlich oder ineffektiv wäre, kann vieles ermöglicht werden, was sonst unmöglich ist. »Intelligente Kooperation« setzt ein Ziel, eine Vision, ein Anliegen voraus, damit nicht blind und unreflektiert Chancen und Besonderheiten von Gemeinden aufgegeben werden. Durch unreflektiertes Zusammenlegen als solches kann mehr verloren gehen als gewonnen werden.

Es gibt viele Möglichkeiten der Zusammenarbeit, z. B. in der Verwaltung, beim Personal, mit Kompetenzen, bei Fortbildungen und Angeboten.

Kooperationspartner können andere Gemeinden, aber auch Einrichtungen, Stationen oder auch private Firmen sein.

# 3. Ehrenamtliche und Hauptamtliche in der Gemeinde

Kirchliche Verlautbarungen betonen, das kostbarste Gut in der Kirche sind ihre MitarbeiterInnen, ehrenamtlich wie hauptamtlich.

Gemeinde ohne ehrenamtliches Engagement ist undenkbar. Es ist ein Wesenskennzeichen von Gemeinde. Eine nur aus beruflichen Funktionären bestehende Gemeinde ist ein Widerspruch in sich selbst und wäre keine Gemeinde mehr. Dem Wesen von Gemeinde entsprechend ist die Zahl ehrenamtlicher Kräfte beeindruckend hoch.

Dennoch ist zu beobachten, dass Kirche »hardware«-orientiert ist: Gelder für bauliche Maßnahmen sind leichter locker zu machen als Gelder für die Pflege ehrenamtlichen Engagements z. B. durch Fortbildungen. Im Zeichen knapper bzw. leerer Kassen ist Ehrenamtlichkeit zu einem großen Thema geworden, wird aber nur allzu oft aus einem finanziellen Gesichtspunkt heraus betrachtet mit der Tendenz, die Professionalisierung der letzten Jahrzehnte ein Stück weit rückgängig zu machen. Am Deutlichsten ist dies derzeit im Bereich der Pflege zu erkennen, greift aber auch bereits auf den pädagogischen und erwachsenenbildnerischen Bereich über. Berufliches Engagement soll verstärkt auf ehrenamtliches verlagert werden. In den 80er-Jahren, als im Vergleich zu heute viel Geld zur Verfügung stand, gab es Forderungen im Blick auf Ehrenamtlichkeit, bei deren Umsetzung ehrenamtliches Engagement als solches kaum mehr wiederzuerkennen gewesen wäre. Um die Frage von Ehren- und Hauptamtlichkeit nicht zu oberflächlich und unter dem Diktat der jeweiligen (finanziellen) Rahmenbedingungen zu betrachten, ist eine theologische Besinnung erforderlich.

## EHREN- UND HAUPTAMTLICHKEIT THEOLOGISCH BETRACHTET

Jegliches Engagement von Menschen in der Kirche basiert letztlich auf der Nachfolge Jesu Christi. Es ist als Nachfolge zu verstehen. Es ist Ausdruck des Auftrags und der Sendung, die Jesus Christus seinen Jüngern und Jüngerinnen, seiner Kirche, gegeben hat. In Matthäus 10,7 f. sendet Jesus seine Jünger aus mit den Worten:

»Geht aber und predigt und sprecht: Das Himmelreich ist nahe herbei-
gekommen. Macht Kranke gesund, weckt Tote auf, macht Aussätzige rein,
treibt böse Geister aus.« Nachfolge ist: Hineingenommen werden in die
Sendung Jesu selbst, in die Bewegung Gottes zu den Menschen, denn nach
Lk 4,18–21 beschreibt Jesus seine Sendung mit Worten des Propheten Jesaja
(Jes 61,1.2): »Der Geist des Herrn ist auf mir, weil er mich gesalbt hat, zu
verkündigen das Evangelium den Armen; er hat mich gesandt, zu predigen
den Gefangenen, dass sie frei sein sollen, und den Blinden, dass sie sehen
sollen, und den Zerschlagenen, dass sie frei und ledig sein sollen, zu verkündigen das Gnadenjahr des Herrn.«

Von Paulus wissen wir, dass es Zeiten gab, in denen er einem Broterwerb
nachging und so aus heutiger Sicht »ehrenamtlich« Apostel war, und
Zeiten, in denen andere für seinen Lebensunterhalt sorgten und er damit
»hauptamtlich« tätig war. Ehrenamtlichkeit und Hauptamtlichkeit sind
keine theologischen Kategorien. Grundlage beider Tätigkeitsformen ist
letztlich die Nachfolge Jesu Christi. So betrachtet, hat kirchliche Ehrenamtlichkeit und kirchliche Hauptamtlichkeit eine andere Qualität als
berufliches oder ehrenamtliches Engagement etwa in einer Firma oder
einem Sportverein. Kein Zweifel, in seinen Erscheinungsformen ist es von
diesem nicht zu unterscheiden. Die jeweiligen Ausprägungen sind zeitbedingt und partizipieren an den gesellschaftlichen und wirtschaftlichen
Rahmenbedingungen.

## BERUF, KOMPETENZ UND EIN PLÄDOYER
## FÜR DIE WIEDERENTDECKUNG DES »IDEALISMUS«

Glücklich, wer seinen Beruf als Berufung verstehen kann. Die meisten
Menschen *können* und wollen ihre Erwerbstätigkeit jedoch nicht mehr als
Beruf im Sinne von Berufung verstehen, sondern als Job. Sinnerfüllung
und Erwerbstätigkeit sind nicht deckungsgleich und werden es vermutlich in Zukunft zunehmend weniger sein. So gesehen, kann ehrenamtliches Engagement zum Beruf im Sinne von Berufung werden. Dieser
Gesichtspunkt wird im Blick auf die Altersentwicklung der Gesellschaft
und einer neuen Generation von Senioren an Bedeutung gewinnen: Es

wird mehr Menschen geben, die nicht mehr einer Erwerbstätigkeit nachgehen. Gleichzeitig wird in dieser neuen Seniorengeneration die Zahl derer zunehmen, die aktiv und selbstbestimmt sein wollen und sich viel länger als früher nicht als Senioren verstehen. Auf der anderen Seite werden junge Menschen vermutlich in noch viel höherem Maß von den Anforderungen der Erwerbstätigkeit in Anspruch genommen sein und durch erhöhte Leistungs-, Mobilitäts- und Weiterbildungserwartungen weniger als bisher für ehrenamtliche Tätigkeit zu gewinnen sein. Erwerbslosigkeit führt nicht zu einer erhöhten Bereitschaft, sich ehrenamtlich einzubringen. Ganz im Gegenteil: Wer sich von der Gesellschaft benachteiligt, zu kurz gekommen, ausgestoßen fühlt, sieht auch keinen Grund, sich ehrenamtlich zu engagieren.

Ebenfalls nicht automatisch deckungsgleich sind Hauptamtlichkeit und Kompetenz ebenso wenig wie Ehrenamtlichkeit und Laienhaftigkeit. Es gibt keinen komplexen Beruf, der nicht mit Tätigkeiten verbunden ist, »für die ich eigentlich gar nicht ausgebildet bin«. Ein Stück weit lässt sich das längerfristig durch angepasste Ausbildungs- und Berufsprofile auffangen, ohne jedoch grundsätzlich an diesem Sachverhalt etwas ändern zu können. Auf der anderen Seite gibt es in jeder Gemeinde eine Unmenge an Kompetenzen, die im Rahmen ehrenamtlichen Engagements fruchtbar gemacht werden können. Erstaunlich ist die hohe »Frustquote« bei Menschen im beruflichen kirchlichen Dienst. Den Gründen im Einzelnen nachzugehen übersteigt den Rahmen dieses Buches. Grundsätzlich ist jedoch für eine Wiederentdeckung des »Idealismus« im beruflichen wie ehrenamtlichen Engagement zu plädieren. Idealismus natürlich nicht im philosophischen Sinn, sondern im landläufigen: die Bereitschaft, die Leidenschaft, die Freude, den Ernst, sich zu engagieren für etwas, was über den unmittelbaren persönlichen, insbesondere materiellen Vorteil hinausgeht.

## WIE CHRISTLICH MÜSSEN MITARBEITENDE SEIN?

Die Grundregel lautet ja: Mitarbeitende müssen Mitglied in einer der Kirchen sein, die in der Arbeitsgemeinschaft christlicher Kirchen (ACK) zusammenarbeiten. Eine grundsätzlich sinnvolle Regelung, ist es doch nicht einzusehen, dass jemand in keiner Kirche Mitglied ist und von kirchlichen bzw. diakonischen Arbeitsstellen profitiert.

In den großen Einrichtungen ist die Frage der Kirchlichkeit von Mitarbeitenden ein Problem. Die Rahmenbedingungen in Deutschland haben den Wohlfahrtsverbänden ermöglicht, eine Größe zu entwickeln – das Diakonische Werk ist als Ganzes gesehen einer der größten Arbeitgeber in Deutschland –, die Mitarbeitende mit hoher kirchlicher Bindung zu einer Minderheit macht.

Auf Gemeindeebene stellt sich die Situation etwas anders dar.

Grundsätzlich gilt auch hier, evangelisch vor ACK vor »gar nichts«. Und dennoch sollte nicht formalistisch vorgegangen werden.

Die Leiterin einer Diakoniestation war zwar fromm, aber psychisch »angeknackst« und mit ihrer Aufgabe heillos überfordert.

Die Leiterin einer gemeindlichen Altentagesstätte gehörte formal der Evangelischen Kirche an, wollte aber möglichst nichts mit der Gemeinde zu tun haben. Auf eine Stelle im Kindergarten bewarben sich evangelische wie katholische Kinderpflegerinnen. Die katholische Bewerberin war einfach die bessere Kraft.

Aber auch diese Situation war Realität in einer Gemeinde: Während der Bosnienkrise beschäftigte eine Diakoniestation eine der moslemischen Flüchtlingsfrauen für hauswirtschaftliche Hilfen. Sie arbeitete hervorragend und die Christlichkeit der Station war in keinster Weise dadurch geschmälert.

Die andere Seite: Es gibt Stellen, die erfordern die Besetzung mit einer Person, die aktiven Glaubens- und Gemeindebezug hat. Ein Messner ist ohne diesen schwer vorstellbar. Das Modellprojekt »sister nova« zu starten macht nur Sinn, wenn eine Pflegekraft gefunden wird, der Glaube und Gemeinde wirklich etwas bedeuten. Der Verfasser muss innerlich schmunzeln, wenn BewerberInnen, angesprochen auf das

Thema Glaube und Kirchlichkeit, antworten: Sie hätten kein Problem damit.

Wenn ein Jugendleiter grundsätzlich nicht bereit ist, irgendetwas Geistliches einzubringen, nicht einmal ein Tischgebet – das sei Sache des Pfarrers – muss dahinter schon ein großes Fragezeichen gesetzt werden. Dies umso mehr, als die Erfahrung zeigt, wie wertvoll es ist, wenn Jugendliche merken, Glaube und Glaubenspraxis bedeuten der Jugendleiterin etwas, es ist nicht nur Sache des Pfarrers, der das halt von Amts wegen tun muss.

Zu sehen ist auch: Im überschaubaren, personalen Bereich von Arbeitsstellen im gemeindlichen Umfeld finden Mitarbeitende häufig neu oder wieder Glaubens- und Gemeindebezug, die vorher dem christlichen Glauben gleichgültig oder distanziert gegenübergestanden haben.

Diese Überschaubarkeit, wo die Mitarbeitenden sich alle persönlich kennen, ermöglicht, bei Stellenbesetzungen mit der Frage von Glaube und Kirchlichkeit sehr flexibel und differenziert umzugehen. Die formalistische, arbeitsrechtliche Grundregel: Evangelische Kirchenmitgliedschaft, zumindest aber Mitgliedschaft in eine der ACK-Kirchen, ist in der Gemeinde von geringerer Bedeutung und zwar in doppelter Hinsicht:

Da gibt es Stellen, wo von der Mitarbeiterin, dem Mitarbeiter mehr zu erwarten ist, als eine formale Kirchenmitgliedschaft, wo ein aktiver Glaubens- und Gemeindebezug unverzichtbar ist. Und es gibt Stellen, wo dieses Kriterium nachrangig ist, wo soziale Gesichtspunkte oder fachliche und menschliche Kompetenz vorrangig sind. Eine Kindergartenleiterin, die mit dem christlichen Glauben nichts anfangen kann, ist schwer vorstellbar, eine moslemische Praktikantin dagegen ist kein Problem, sofern sie den christlichen Rahmen akzeptiert.

Gerade dort, wo mehrere Kräfte tätig sind, eben im Kindergarten oder in einer Diakoniestation, kommt es auf den rechten Mix an. Vieles ist möglich, wenn der Konsens besteht: Dies ist eine christliche Einrichtung. Das setzt natürlich immer auch Mitarbeitende voraus, für die der christliche Glaube persönliche Bedeutung hat.

Nicht zu akzeptieren ist bei Mitarbeitenden offene Ablehnung des christlichen Glaubens oder Zugehörigkeit und Bekenntnis zu Weltanschauungen und Sekten, die dazu im Widerspruch stehen, auch wenn eine formale Zugehörigkeit zu eine der ACK-Kirchen gegeben sein mag.

## EHRENAMTLICHKEIT IST NICHT GLEICH EHRENAMTLICHKEIT

Bisher wurde pauschal von *der* Ehrenamtlichkeit gesprochen. Differenzierungen jedoch sind angebracht. Drei Kategorien lassen sich unterscheiden:

- kontinuierliche Ehrenamtlichkeit
- punktuelle Ehrenamtlichkeit
- rechtsrelevante Ehrenamtlichkeit

Lange Zeit hatte man nur eine Form ehrenamtlichen Engagements im Blick: die kontinuierliche, sei sie nun rechtsrelevant oder nicht: Man macht auf lange Zeit, jedenfalls auf unbestimmte Zeit, mit. Irgendwann fängt man damit an und irgendwann hört man wieder auf oder ist krank und alt und kann nicht mehr. Es gibt viele Handlungsfelder, in denen nur kontinuierliche Ehrenamtlichkeit Sinn macht, soll es um die Sache gehen, wegen der man sich einsetzt: z. B., wenn es um die Begleitung und Unterstützung eines Menschen geht. Tendenziell schrecken Menschen heute vor längerfristigen, insbesondere unbefristeten Bindungen zurück. Viel leichter sind Menschen ansprechbar, wenn es um ein punktuelles, auf eine klar bestimmte Aufgabe bezogenes Engagement geht, sei es eine Aktion, sei es die Vorbereitung eines Gottesdienstes, die Mitwirkung an einem Gemeindefest o. Ä.

Als Kategorie eigener Art ist rechtsrelevante Ehrenamtlichkeit zu verstehen: gewähltes oder berufenes Mitglied im Kirchenvorstand, im Jugendausschuss, im Vorstand des Diakonievereins, in der Synode usw. Mitglied in einem solchen Gremium zu sein bedeutet nicht automatisch, sich auch wirklich angemessen mit dem zu befassen, was Sache des Gremiums ist.

Die Folge: Es werden Entscheidungen getroffen oder eben nicht, die an den aktuellen Erfordernissen vorbeigehen. Da können nötige Weiterentwicklungen oder Veränderungen blockiert werden oder es wird etwas entschieden, was kontraproduktiv zum Satzungsziel oder Anliegen ist.

## EINEIIGE ZWILLINGE: EHRENAMTLICHKEIT UND HAUPTAMTLICHKEIT

Gemeinhin erwartet man von eineiigen Zwillingen, dass sie ein Herz und eine Seele sind, und oft genug ist das auch der Fall, aber nicht immer. Das überkommene Rollenverständnis ist: Die Ehrenamtlichen sind die HelferInnen der Hauptamtlichen. Sie unterstützen und entlasten diese *(siehe Grafik links)*:

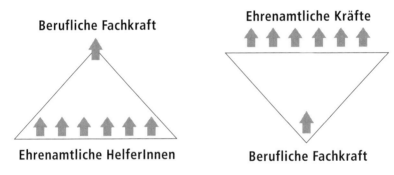

Diesem Rollenverständnis liegt die Vorstellung zugrunde: Die Hauptamtliche ist die Fachkraft, die Ehrenamtlichen sind die Laien. Das ist ja auch meistens der Fall (wenn auch nicht immer). Dort, wo dies jedoch der Fall ist, sollte sich das Verhältnis von hauptamtlicher Fachkraft zu ehrenamtlichen Kräften eher umkehren: Die berufliche Fachkraft als Unterstützerin, Helferin, Begleiterin, Förderin der ehrenamtlichen Kraft *(siehe Grafik rechts)*.

Eine Gemeinde ist ein komplexer Organismus. Dazu gehört: Es gibt in jeder Gemeinde ein hohes Maß verschiedener Fachkompetenzen bei ihren Mitgliedern. Dieses Potential ehrenamtlicher Fachkompetenz lässt sich allerdings nicht mit einem selbstherrlichen, autoritären Führungsstil wecken oder halten, frei nach dem Motto: Ich bin der Chef. Wertschätzung und Partizipation sind da gefragt.

Wird Ehrenamtlichkeit ernst genommen, verändert das die Rolle der Hauptamtlichkeit.

## DAMIT ES NICHT ZUR PHRASE WIRD: EHRENAMTLICHKEIT UND BERUFLICHE MITARBEIT SIND EIN HOHES GUT

Was kann getan werden, worauf kommt es an, damit sorgfältig mit beruflich oder ehrenamtlich Engagierten umgegangen wird? Im Folgenden sollen dazu einige praktische Anregungen gegeben werden:

*Persönliche und Institutionelle Wertschätzung*

Alles, was mit Rahmenbedingungen, mit Förderung, Honorierung zu tun hat, wird noch erörtert. Mit das Wichtigste ist aber, dass Engagierte beruflich wie ehrenamtlich persönliche Wertschätzung erfahren. Bewusst werden Hauptamtliche wie Ehrenamtliche hier in einem Atemzug genannt, denn die verbreitete Fruststimmung unter kirchlichen Berufs-Mitarbeitenden hat auch darin ihre Ursache, dass sie von Vorgesetzten und verantwortlichen Leitungsgremien wenig Wertschätzung erfahren. Wer seine Arbeit gut macht, seinen Auftrag ernst nimmt, erfährt selten Lob, es wird meistens nicht einmal wahrgenommen.

Gerade bei langjährig und zuverlässig Engagierten besteht die Gefahr, diese aus dem Blick zu verlieren. Es wird für selbstverständlich gehalten. Gemeindemitglieder werden in den meisten Fällen durch persönliches Zugehen, Anfragen gewonnen. Selten haben allgemeine Aufrufe zu Mitarbeit viel Erfolg. Menschen wollen Gemeinde nicht als einen unpersönlichen Betrieb erfahren. Sie erwarten, sie erhoffen sich, persönlich wahrgenommen zu werden.

Persönliche Wertschätzung zu erfahren lässt sich nicht organisieren, sie hängt von der Einstellung und vom Verhalten der Hauptamtlichen ab: Es muss gewollt werden. Es muss einem irgendwie eine Herzensangelegenheit sein. Sorgfältiger Umgang im Blick auf Ehrenamtliche ist gefragt.

Wer sich in der Gemeinde engagiert, sollte von der Gemeinde als Institution Wertschätzung erfahren. Persönliche Wertschätzung benötigt als Ergänzung institutionelle Wertschätzung.

Für die Leitung und Begleitung von Ehrenamtlichen durch Hauptamtliche sind die Instrumente beruflicher Personalführung weitgehend ungeeignet. Formale Autorität, Vorgesetzter sein, greifen nicht. Es hängt letztlich alles an persönlicher Autorität. Vereinbarungen lassen sich nicht über Anordnungen treffen. Anders als bei einem Arbeitsverhältnis birgt z. B. jeder Konflikt, inhaltlicher und zwischenmenschlicher Art, die Möglichkeit, eben nicht mehr mitzumachen, aufzuhören.

*Jahresgespräche*
Eine sinnvolle Sache aus der beruflichen Personalführung könnten Jahresgespräche für Ehrenamtliche mit Leitungsverantwortung sein: eine gute, kontinuierliche Gelegenheit, die ehrenamtliche Arbeit wahrzunehmen, inhaltlich wie persönlich, Probleme zu besprechen und Vereinbarungen über den weiteren Weg zu treffen.

*Das Gedächtnis der Gemeinde: Ehrenamtlichenliste*
Eine einfach zu verwirklichende Voraussetzung dafür ist eine Liste aller ehrenamtlich Engagierten, soweit möglich auch Ehemaliger. In dieser Liste ist festzuhalten Name, Geburtstag, Adresse, die Bereiche, in denen jemand sich einsetzt. Beginn und Ende des Engagements.

*Jubiläen begehen*
Die Gemeinde sollte wahrnehmen und ehren für z. B. fünfjähriges, zehnjähriges, 20-jähriges usw. Engagement. Dafür sollte es eine Anerkennung etwa in Form einer Urkunde o. Ä. geben.

*Einführung und Ausführung: markierter Anfang und definiertes Ende*
Der Beginn ehrenamtlicher Tätigkeit sollte im Gemeindeboten bekannt gegeben werden. Einmal im Jahr könnte ein Gottesdienst als Tag der Ehrenamtlichen gefeiert werden, wo Neue eingeführt und Ausscheidende offiziell verabschiedet werden.

*Die Freiheit aufzuhören*

Stark Engagierte empfinden häufig: Ich gab den kleinen Finger und man nahm die ganze Hand: »Könnten Sie nicht da auch mitmachen?« Das Gefühl ist dann weit verbreitet: Es sind immer die Gleichen, die etwas tun. Wenn jemand aufhört, empfindet das die hauptamtliche Kraft häufig in einer empfindsamen Ecke als Kränkung. Wichtig ist deshalb, jedem die Freiheit, aufzuhören, sich zurückzuziehen, müde zu werden, zuzugestehen.

*Zertifikat über ehrenamtliches Engagement*

Es kann beruflich durchaus ein Vorteil sein, wenn bei Bewerbungen um Ausbildungsplätze oder um Stellen ehrenamtliche Tätigkeit nachgewiesen werden kann. Deshalb sollte ein qualifiziertes Zertifikat über ehrenamtliches Engagement ausgestellt werden in gewisser Analogie zu einem beruflichen Dienstzeugnis.

*Geselligkeit*

Bei allem Ernst dürfen gesellige Aspekte nicht fehlen: Der Phantasie sind hier wenig Grenzen gesetzt: regelmäßige Mitarbeitenden-Treffen, Stammtisch, Gemeindeball, Grillabend, Freizeiten und dgl. Da kochen einmal im Jahr die beruflichen MitarbeiterInnen für die Ehrenamtlichen. Es gibt Neujahrsempfänge und natürlich die traditionellen Adventsfeiern, die mit einem Dank und Präsent an die Ehrenamtlichen verbunden sind.

*Klare Aufgaben, Kompetenzen – und Rollenklärung*

Nicht jede(r) ist für jede Aufgabe geeignet. Hinderungsgründe können die psychische Verfassung ebenso sein wie mangelnde Zeit, allgemeine Reife und menschliche Kompetenz. Die Bereitschaft, sich einzubringen, bedeutet nicht automatisch die Eignung für die Aufgabe. Um Enttäuschungen und Schäden für alle Beteiligten zu vermeiden, ist es erforderlich, deutlich zu machen, was für die Übernahme einer ehrenamtlichen Tätigkeit erwartet wird hinsichtlich Zeitaufwand, Grad an Verbindlichkeit, Fortbildungen usw. Es bedarf der Klärung, welche Aufgaben und Kompetenzen mit der jeweiligen Tätigkeit verbunden sind. Ehrenamtliches Engagement kann nicht einfach einen Freibrief für Dilletantismus und Beliebigkeit sein.

Das ist insbesondere da von Bedeutung, wo Verantwortung für andere Menschen übernommen wird. Es bedarf angemessener Verlässlichkeit. Die Tätigkeit zeitlich zu befristen kann hier von Vorteil sein für alle Beteiligten: »Ich lasse mich für die und die Zeit auf diese Tätigkeit mit der erforderlichen Verbindlichkeit ein, dann sieht man weiter.«

*Befähigung, Begleitung und Fortbildungen*
Wer sich ehrenamtlich einsetzt, hat ein Recht darauf, dass seine Tätigkeit so ernst genommen wird, dass er oder sie angemessen für das Engagement befähigt wird und dabei Begleitung erfährt. Gemeindehilfe-Treffs o. Ä. können mehr sein als das Abholen der Gemeindeboten und ein Kaffeeklatsch (ohne diesen gering zu schätzen). In einer Gemeinde ist jeder Gemeindehilfe-Treff mit einem Thema verbunden: Da ging es über mehrere Monate um Gesprächsführung und »Seelsorge am Zaun«, um Glaubensthemen oder »Frauen in der Kirchengeschichte«. Zu kurz darf auf keinen Fall der Erfahrungsaustausch kommen.

Fortbildungen sollten angeregt und ermöglicht werden. Dies ist insbesondere dort wichtig, wo Aufgaben verantwortlich wahrgenommen werden: bei der Leitung von Kreisen und Gruppen, bei der Mitarbeit in Leitungsgremien wie Kirchen- und Vereinsvorständen, als Beauftragte für bestimmte Handlungsfelder. Den Ehrenamtlichen sollten in der Regel dafür keine Kosten entstehen. Ehrenamtliche sollten für ihre Tätigkeit die Infrastruktur des Gemeindebüros oder der Sozialstation nutzen können.

*Information und Partizipation*
An der Schnittstelle zwischen persönlicher und institutioneller Wertschätzung liegt die Sorgfalt, Informationen weiterzugeben und Partizipation bei Planung und Durchführung von Projekten und Vorhaben zu ermöglichen, zuzulassen, anzuregen und zu fördern. Beschränkt sich die Partizipation auf die Ausgestaltung des Kaffeetischs und stundenlange Diskussion über den Blumenschmuck in der Kirche, sehen sich

Ehrenamtliche zu Recht als nicht ernst genommen mit ihrer Bereitschaft zum Engagement. Wer dieses Engagement stärken und ausbauen will, darf Ehrenamtliche nicht als Handlanger der Beruflichen und Instrument zur Kosteneinsparung verstehen.

Pfarrämter sind oft »schwarze Löcher« für Informationen. Ständig strömt eine Flutwelle von Informationen ein, für die die Hauptamtlichen kein Interesse haben oder haben können, die aber durchaus von Interesse sein könnten für Beauftragte des Kirchenvorstands oder Leitungen von Gruppen und Kreisen. Wer sich engagiert, dem sollten auch (Hintergrund-)Informationen zugänglich gemacht werden, die nicht im Gemeindeboten stehen. Eine relativ einfach zu verwirklichende Maßnahme ist ein regelmäßiger Rundbrief für Ehrenamtliche. Es ist schon erschreckend, wenn selbst Kirchenvorstände nicht oder unzureichend über ihre umfassenden Aufgaben und Rechte informiert werden. Transparent sollten auch die kirchlichen Strukturen gemacht werden: der gegliederte Aufbau der Landeskirche, die Rolle des Diakonischen Werks, Übersicht über die Fülle landeskirchlichen Lebens. Ein gutes Instrument dafür ist eine Art gemeindliches »Handbuch für Ehrenamtliche« als leicht aktualisierbare Loseblattsammlung, das Grundinformationen über Gemeinde und Kirche ebenso enthält wie etwa Versicherungsfragen, Rechte und Pflichten.

Mehrdimensionale Gemeindeentwicklung basiert auf umfassender Partizipationsmöglichkeit bereits ab der Planungsphase von Vorhaben und Projekten. Echte Partizipation nimmt Menschen mit ihrer Lebens- und Fachkompetenz ernst. Konkret heißt das: Ein Projekt wird nicht von den Hauptamtlichen entwickelt und dann werden für das fertige Korsett Ehrenamtliche gesucht, sondern: Ein Vorhaben, eine Idee wird von ihren Anfängen her gemeinsam entwickelt und umgesetzt. Klar, dass da auch mit Veränderungen zu rechnen ist im Vergleich zur Ursprungsidee, oder andere Schritte getan werden, als ursprünglich gedacht. Zu konsequenter Partizipation gehört aber auch: die Bereitschaft der Hauptamtlichen, Ideen, die von Ehrenamtlichen oder überhaupt aus der Gemeinde kommen, aufzugreifen und umzusetzen, auch wenn sie nicht aus dem eigenen »Ideen-Gemüsegarten« der Hauptamtlichen stammen. Die Kirchengemeinde Nürnberg-Eibach hat Ehrenamtlichkeit zu einem der drei Schwerpunktthemen der Gemeindeentwicklung gemacht und damit zum Thema der Ehrenamtlichen selbst. Niemand ist kompetenter, über Ehrenamtlichkeit zu reden, als Ehrenamtliche selbst: Welche Erwartungen und Hoffnungen bestehen, wo werden Möglichkeiten und Grenzen angesiedelt? Wie wünscht man sich den Umgang mit den Hauptamtlichen, wie möchte man sein Engagement honoriert sehen usw.? Instrumente eines solchen Prozesses können Anhörungen, Fragebogen, Runde Tische, Projektgruppe u. Ä. sein.

*Beauftragte für Ehrenamtlichkeit*
Eine sehr sinnvolle Sache könnte das Amt einer Beauftragten für Ehrenamtlichkeit, gewissermaßen als Ombudsmann / -frau für die Anliegen der Ehrenamtlichen, sein.

Fürbitte

## 4. Für die Gemeinde angemessene Strukturen finden

Es kann keine allgemein gültigen Strukturen für Gemeinden geben, wenn es um diakonische Gemeindeentwicklung geht. Dazu sind die jeweiligen Verhältnisse zu vielfältig. Es ließen sich Seiten füllen mit der Beschreibung von Gemeindesituationen. Eine Gemeindesituation bestimmt sich aus ihrer Binnenlage und aus den Umfeld-Verhältnissen, in denen sie sich befindet und mit denen sie konfrontiert ist. Das alles muss man sich so dynamisch vorstellen wie einen lebendigen Organismus, einen Menschen z. B. Er kann einerseits unterschieden werden von seiner Umwelt, er steht aber mit ihr in einer ständigen Wechselwirkung. In ihm und um ihn laufen ständig Prozesse ab, die wiederum auch gegenseitige Auswirkungen aufeinander haben und sich gegenseitig beeinflussen.

Es spielt eine große Rolle, ob und wie diakonische Aktivitäten auf Kirchengemeinde und Rechtsträger aufgeteilt sind. Wie gesagt: Keine Kirchengemeinde ist wie die andere. Dennoch lassen sich Strukturtypen erkennen, die im Einzelnen natürlich weitere Differenzierungen aufweisen. Statt einem Verein kann es sich auch um andere Rechtsformen handeln, z. B. eine GmbH. Bei diesen Typisierungen legen wir den Normalstandard zugrunde: Kirchengemeinde – Diakoniestation – Kindergarten.

### Typ A: Kirchengemeinde ohne Trägerverein

a) ohne Kindergarten und Diakoniestation

b) mit Kindergarten in gemeindlicher Trägerschaft und Diakoniestation in übergemeindlicher Trägerschaft (z. B. durch Bezirksdiakonie, JUH)

**Typ B: Kirchengemeinde mit einem Trägerverein**

a) Kindergarten und Diakoniestation in Trägerschaft des Vereins

b) Kindergarten in gemeindlicher Trägerschaft, Diakoniestation in Trägerschaft des Vereins

c) Kindergarten in gemeindlicher Trägerschaft, Diakoniestation in übergemeindlicher Trägerschaft

**Typ C: Kirchengemeinde mit mehreren Trägervereinen**

a) Kindergarten in Trägerschaft eines Kindergartenvereins, Diakoniestation in Trägerschaft eines Diakonievereins und weitere Einrichtungen in Trägerschaft eines weiteren Vereins

b) Kindergarten in gemeindlicher Trägerschaft, weitere Einrichtungen in Trägerschaft weiterer Vereine

**Typ D: Trägerverein(e) im Bezugsfeld mit mehreren Kirchengemeinden**

a) Bezugsgröße eines Trägervereins sind mehrere Kirchengemeinden, aber keine juristische Mitgliedschaft der Kirchengemeinden

b) Bezugsgröße eines Trägervereins sind mehrere Kirchengemeinden, die auch juristische Mitglieder sind

Hilfreich ist es, sich über die verfügbaren Organ- und Strukturressourcen klar zu werden.

Zur Verfügung stehen innerkirchliche und öffentliche des bürgerlichen Rechts. Innerkirchliche Organ- und Strukturressourcen sind bezogen auf die konkreten Verhältnisse in der Evang.-Luth. Kirche in Bayern:

## ORGAN- UND STRUKTURRESSOURCEN

Die Kirchengemeindeordnung (KGO) zählt zu den Aufträgen einer Kirchengemeinde, »… *den Dienst der christlichen Liebe zu üben und zu unterstützen*«[22].

In der Auflistung der Aufgaben des Kirchenvorstands heißt es:
»*Der Kirchenvorstand hat im Rahmen der kirchlichen Ordnungen vor allem … die Erkenntnis der diakonischen und missionarischen Aufgabe in der Gemeinde zu vertiefen, die Arbeitskreise, Werke und Anstalten zu unterstützen, insbesondere christliche Liebestätigkeit und Gemeindediakonie, … kirchliche Sozialarbeit zu fördern.*«[23]

Die Kirchengemeindeordnung sieht die Möglichkeit von Ausschüssen vor:
»*Der Kirchenvorstand kann für bestimmte Angelegenheiten vorberatende Ausschüsse bilden, in die auch Gemeindeglieder, die dem Kirchenvorstand nicht angehören, berufen werden können*«.[24] Des Weiteren besteht die Möglichkeit, einzelne KirchenvorsteherInnen mit besonderen Aufgaben zu betrauen.[25]

Auf dieser Grundlage beschreibt die Diakoniebekanntmachung (Diak-Bek) den diakonischen Auftrag einer Gemeinde näher:
»*(1) Nach § 2 Abs. 2 KGO hat die Kirchengemeinde die Aufgabe, den Dienst der christlichen Liebe zu üben und zu unterstützen. Darum ist der Kirchenvorstand über die Aufgaben der Diakonie in der Gemeinde und über besondere Notstände laufend zu unterrichten, damit er seine diakonische Verantwortung wahrnehmen kann. Er soll durch sorgfältige Prüfung feststellen, welche diakonischen Tätigkeiten in der Gemeinde nötig sind, und dafür Sorge tragen, dass hierfür Kräfte aus der Gemeinde, insbesondere auch aus der Jugend, gewonnen werden. (2) Der Dienst in der Gemeinde, in Verkündigung, Unterricht und Seelsorge soll darauf gerichtet sein, zu einem Glauben zu führen, der in der Liebe tätig ist.*«[26]

Diese Bekanntmachung erinnert daran, dass Diakonie nie nur Sache Einzelner ist und dass der Einsatz hauptamtlicher Kräfte das einzelne Gemeindeglied nicht von den Aufgaben der Diakonie entbindet. Hauptamtliche Mitarbeitende sollen neben ihren fachspezifischen Aufgaben insbesondere mit der Gewinnung, Zurüstung und Beratung von ehrenamtlichen oder nebenamtlichen Mitarbeitenden betraut werden.[27] Die Bildung von Dienstgruppen wird ausdrücklich vorgesehen und eine Person für die Organisation der Dienstleistungen gefordert.[28]

Von kirchlicher Seite her ergeben sich als Organressourcen für eine Gemeinde:

- Diakonieausschuss
- Diakoniebeauftragte
- Dienstgruppen

Die wesentlichen Organ- und Strukturressourcen des bürgerlichen Rechts sind:

- Gemeinnütziger Verein
- Gemeinnützige GmbH
- Stiftung

## GEMEINNÜTZIGER VEREIN

Diese Rechtsform ist die mit Abstand vorherrschende. Das hat geschichtliche Ursachen.

Beim diakonischen Aufbruch im 19. Jahrhundert erwies sich diese Rechtsform als das ideale Instrument, um basisnah, flexibel und rechtlich gesichert auf soziale Herausforderungen zu reagieren, insbesondere auch, weil es nicht gelang, Diakonie unmittelbar innerkirchlich, gemeindlich zu verankern. Großzügig gefasste oder ausgelegte steuerrechtliche Rahmenbedingungen führten vielfach dazu, dass Vereine zu reinen »Geldanhäufungs-Vereinen« mutierten, insbesondere auch dort, wo gemeinnützige Vereine ihrer eigentlichen Aufgaben z. B. durch die Abgabe von Diakoniestationen beraubt wurden und sich nicht in ausdrückliche Fördervereine wandelten.

Das Recht der Gemeinnützigkeit schafft für gemeinnützige Vereine viele Steuerbefreiungen oder Steuerermäßigungen. Es leidet aber auch unter dem Anziehen der Steuerschraube mit der Folge, dass die Steuerbegünstigungen von immer differenzierteren Voraussetzungen abhängen.

Schwarze Schafe boten genügend Stoff für den Staat, genauer hinzusehen. Die Rechtsform des gemeinnützigen Vereins kann weiterhin für konkrete Aufgaben ein geeignetes Instrument sein, ist jedoch völlig ungeeignet für Vermögensverwaltung um ihrer selbst willen ohne konkrete, tatsächliche Aufgaben.

Das Gemeinnützigkeitsrecht fordert nämlich zeitnahe Verwendung der erhaltenen, steuerbegünstigten Gelder.

Für Vereine, deren Satzungszweck nicht mehr oder unvollständig verwirklicht wird, ist an eine Selbstauflösung oder eine Umwandlung in eine gemeinnützige Stiftung zu denken.

Dort, wo Vereine tatsächlich satzungsgemäße Aufgaben als Träger wahrnehmen, kann diese Rechtsform auch weiterhin einen guten Rahmen bilden. Allerdings sollte man auf eine satzungsrechtliche Weiterentwicklung achten.

## EIN SORGENKIND: DIE VORSTANDSCHAFT

Das Satzungsorgan »Vorstand« hat sich zu einem großen Problem entwickelt und kann die ganze Arbeit gefährden oder Innovationen verhindern.

Was ist das Problem? Nehmen wir einen klassischen Fall: Ein Trägerverein betreibt eine Diakonie-Sozial-Station mit hoch professioneller Geschäftsführung, Pflegedienstleitung und MitarbeiterInnen. Der Vorstand ist überaltert, inkompetent und noch im Denkmodell vergangener Jahrzehnte gefangen: Gemeindediakonie = Diakonisse. Die Herausforderungen der Gegenwart und die geänderten rechtlichen Rahmenbedingungen (Pflegeversicherung) werden als Bedrohung empfunden.

Vorsitzender ist ein überlasteter Pfarrer von Amts wegen oder ein Gemeindemitglied als »diakonischer Platzhirsch«. Die Geschäftsführerin eines diakonischen Trägervereins, Sozialpädagogin mit Weiterbildung in Sozialmanagement, erzählte dem Verfasser: Sie dachte anfänglich, ihr Vorstand, das seien Vorgesetzte. Es hätte sich dann aber gezeigt, dass sie faktisch ihre Vorstandsmitglieder »pflegen« musste wie andere Ehrenamtliche auch, fast wie einen Seniorenkreis. Deshalb hält sie es für sehr wichtig, dass ein Vorstand nicht überaltert ist. Bei der Zusammensetzung sollte darauf geachtet werden, dass durch die Vorstandsmitglieder die Verbindung mit der Gemeinde gestärkt wird. Es sei ein Trugschluss zu meinen, es reiche für die Verbindung aus, wenn ein/e PfarrerIn oder KirchenvorsterIn im Vorstand sitzt. Vielen fehle das Verständnis und der Bezug dazu, dass Diakonie eine Sache der Gemeinde ist. Informationen würden nicht weitergegeben, Innovationen blockiert.

Während Pflegedienstleitungen, Geschäftsführungen durch entsprechende Weiterbildungen auch im Bereich Sozialmanagement und Sozialkompetenz hoch qualifiziert sind und einen klaren Blick für die heutigen Gegebenheiten haben, hinkt die Vorstandsebene vieler Vereine um Jahrzehnte hinterher.

Die größte Gefahr für die vereinsgestützte Diakonie geht heute von ihren Vorständen aus. **Nirgends ist das Defizit an Fortbildung größer, schmerzlicher als auf der Vorstandsebene.**

## EMPFEHLUNGEN ZUR WEITERENTWICKLUNG VEREINSGESTÜTZTER DIAKONIE

1. Eine Vorstandschaft braucht Fortbildung, um ein Mindestmaß an Kenntnissen im Bereich der satzungsgemäßen Aufgaben, Personalführung und -entwicklung und des Sozialmanagements zu haben.

2. Die Satzungen sollten dahingehend weiterentwickelt werden, dass die konzeptionelle Leitung durch ein Kuratorium erfolgt. Dadurch kann die diakonische Arbeit auf eine breitere Basis gestellt und die Rolle der Vorsitzenden als »kleine Könige« zurückgefahren werden. Weiterhin sollten

die Satzungen eine Geschäftsführung vorsehen, die ehrenamtlich oder hauptamtlich besetzt werden kann.

3. Es sollte nur Ausschüsse oder Arbeitskreise geben, wenn diese durch ihre Zusammensetzung und die übertragenen Kompetenzen tatsächlich etwas zu sagen und entscheiden haben. Es macht z. B. keinen Sinn, einen Diakonieausschuss des KV zu haben, wenn die eigentliche Definitions- und Gestaltungsmacht bei der Vorstandschaft eines Trägervereins liegt. Denkbar und empfehlenswert sind »Organanleihen«. Beispiel: Ein Trägerverein hat ein Kuratorium. Im Sinne einer Organanleihe wird ihm die offizielle Funktion auch eines Diakoneauschusses übertragen. Analoges gilt für Vereinsvorsitz und Diakoniebeauftragte.

4. Kirchengemeinden sollten immer auch juristische Mitglieder eines Trägervereins werden, um die Verzahnung weniger personenabhängig zu gestalten.

5. Bestehen in einer Kirchengemeinde mehrere Trägervereine, so sollten diese zu einem schlagkräftigen Verein zusammengeführt werden.

6. Satzungen sollten nicht automatisch als Vorsitzenden den oder die PfarrerIn vorsehen.

7. Bei all dem darf nicht vergessen werden: Angepasste Strukturen sind eine Voraussetzung für erfolgreiches Arbeiten, sie gewährleisten aber nicht automatisch den Erfolg. Komplementär zu den der jeweiligen Situation angepassten Strukturen kommt als zweite Voraussetzung, die richtigen Leute an die richtige Stelle zu bringen. Die »schönste« Struktur wird Makulatur, wenn die falschen Leute am Werk sind. Deshalb: große Sorgfalt walten lassen bei Stellenbesetzungen. Bewerbungsgespräche gründlich führen und, wenn man selber unsicher ist, kompetente Personen in die Auswahlkommission holen.

*Organe eines Vereins*
Notwendige Vereinsorgane nach dem Bürgerlichen Gesetzbuch (BGB):
  – *Vorstand*
  – *Mitgliederversammlung*

Die Satzung eines Vereins kann aber weitere Organe einrichten wie

- *Kuratorium*
- *Revisoren etc.*

Die GeschäftsführerInnen sind in der Regel dem Vorstand unterstellt und weisungsgebunden.

## GEMEINNÜTZIGE GMBH

In den letzten Jahren entstanden im diakonischen Bereich immer mehr gemeinnützige Gesellschaften mit beschränkter Haftung (gGmbH). In den gemeindlichen Gremien herrschen dabei sehr unterschiedliche Auffassungen vor, die oft dazu führen, dass psychologische Hemmschwellen zu Tage treten, die aus rational nicht nachvollziehbaren Gründen den Schritt vom Verein zur GmbH vereiteln. Heute sieht es so aus, dass in den meisten Fällen, wo man umgestellt hat, Trägerverein(e) eine gGmbH gegründet haben unter Weiterbestehen der Vereine als Gesellschafter. Dadurch können Trägervereine aber ein Legitimationsproblem bekommen: Für was existieren sie? Als Selbstzweck? Aus Gewohnheit? Gibt es neue Aufgaben für die Trägervereine, sollen sie in reine Fördervereine für Diakonie umgewandelt oder ehrlicherweise aufgelöst werden?

*Was für eine gGmbH spricht[29]*
Diese Rechtsform ist das flexibelste Instrument in der Wirtschaft. Sie ermöglicht eine Haftungsminimierung und Risikobegrenzung. Sie ermöglicht Flexibilität und schnelleres Reagieren auf Markterfordernisse. Sie zwingt zu Kundenorientierung und wirtschaftlichem Arbeiten. Sie bringt Zeitgewinn durch Gremienminderung und steigert die Effizienz in der Alltagsarbeit, bei Fort- und Weiterbildung und Öffentlichkeitsarbeit. Sie steigert die Innovationsmöglichkeiten und macht unabhängiger von AVR (kirchliche Arbeitsvertragsrichtlinien in Anlehnung an BAT) oder KZVK (Kirchliche Zusatzversorgungs-Kasse). Die verantwortliche Position eines / einer GeschäftsführerIn zwingt zu professioneller Besetzung. Damit eine gGmbH erfolgreich sein kann, ist allerdings eine gute Eigenkapitalausstattung nötig. Die gesetzlich gefor-

derten Mindestbeträge (Stammkapital 50 000 DM bzw. ab 1.1.2002 25000 EUR) haben manche Vorstände von Trägervereinen aus »Pfeffersackmentalität« und Unkenntnis heraus verleitet, ihre gGmbH mit viel zu geringem Eigenkapital auszustatten, was sehr schnell im Blick auf das Insolvenzrecht in die Bredouille führte.

*Organe einer gGmbH*
Die Organe einer GmbH sind:

– *Gesellschafterversammlung*

– *Aufsichtsrat* (nicht zwingend)

Die Vertretung der Gesellschaft nach außen erfolgt zwingend durch den oder die GeschäftsführerInnen. Es können sowohl Gesellschafter als auch fremde, angestellte Personen als Geschäftsführer bestellt werden. Das Vertretungsrecht ist nach außen nicht beschränkbar, im Innenverhältnis sind aber sehr wohl Beschränkungen möglich.

## STIFTUNG
Durch die Reform des Stiftungsrechts ist die rechtsfähige Stiftung des Privatrechts eine sehr gute Rechtsform, wenn es darum geht, vorhandenes Vermögen langfristig zu sichern und dauerhaft mit den Vermögenserträgen die diakonische Arbeit zu unterstützen. Sie kann zu einem Instrument offensivem Fundraisings werden, gerade auch im Blick auf die so genannte Erbengeneration. Stiften bedeutet: »Vermögen auf Dauer einem bestimmten Zweck widmen. Die Stiftung als wirtschaftliches Gebilde wird definiert als eine Einrichtung, die mit Vermögen ausgestattet, auf Dauer errichtet und dazu bestimmt ist, den vom Stifter im Stiftungsgeschäft und in der Stiftungssatzung niedergelegten Stiftungszweck zu verfolgen«[30]. Weil Stiftungen als Möglichkeit des Fundraising[31] noch wenig im Blick sind, soll darauf etwas ausführlicher eingegangen werden: Stiftungen bieten für Stifter wie für die auf Finanzmittel angewiesene gemeinnützige Organisation viele Vorteile. Gemeinnützige Organisationen »können beispielsweise selbständige, rechtsfähige Stiftungen im Sinne von ›Gemeinschaftsstiftungen‹ zugunsten ihrer gemeinnützigen An-

liegen errichten, zu deren Vermögen Dritte zustiften können und sollen«[32]. Voraussetzungen für die Errichtung einer rechtsfähigen Stiftung sind das Stiftungsgeschäft (sowohl als Rechtsgeschäft unter Lebenden als auch durch Verfügung von Todes wegen möglich), die Stiftungssatzung und die staatliche Genehmigung. Die Genehmigungsbehörden sind landesunterschiedlich sowohl der Regierungspräsident oder das Regierungspräsidium, die Bezirksregierung oder der Innenminister bzw. das Innenministerium. Zu beachten ist, dass die Vermögensausstattung so bemessen sein muss, dass der vorgesehene Zweck aus den Vermögenserträgen nachhaltig verwirklicht werden kann, denn bei der Stiftung bleibt das Stiftungskapital erhalten und nur dessen Erträge stehen zur Verfügung. »Mit der Genehmigung erlangt die Stiftung Rechtsfähigkeit und untersteht der Stiftungsaufsicht, die – als Rechtsaufsicht – die Einhaltung des Stifterwillens durch die Organe der Stiftung überwacht. Diese selbständigen Gemeinschaftsstiftungen können selbst Träger bzw. Treuhänder von unselbständigen, nicht rechtsfähigen Stiftungen oder von Stiftungsfonds sein. Einige Vorteile der Errichtung einer unselbständigen, treuhänderisch verwalteten Stiftung liegen darin, dass der Stifter oder die Stifterin keine Verwaltungstätigkeit auszuführen hat, keine staatliche Genehmigung erfolgen muss, die Errichtung auch mit kleinerem Vermögen möglich ist und dass diese Stiftungen – ebenso wie die selbständigen – den Namen des Stifters / der Stifterin oder seiner / ihrer Angehörigen tragen können. Stiftungsfonds werden häufig für größere, präzise abgegrenzte und längerfristige Projekte (z. B. Bau eines Altenheims oder einer Kindertagesstätte) eingerichtet. Die Gestaltungsmöglichkeiten hinsichtlich einer »Gemeinschaftsstiftung« sind vielfältig. Stiftungen können von den Stiftern und Stifterinnen zu deren Lebzeiten errichtet werden, aber auch durch Verfügungen von Todes wegen. Die Vermögenszuwendung an die Stiftung erfolgt durch Erbeinsetzung, Vermächtnis oder Auflage. Erb-, stiftungs- und steuerrechtliche Belange sind dabei zu beachten. Interessant ist schließlich die Möglichkeit der schrittweisen Ausstattung einer Stiftung (selbständige Stiftung, treuhänderische Stiftung, Stiftungsfond). Ein Beispiel dazu: Ein Stifter oder eine

Stifterin kann einer von ihm bzw. ihr errichteten Stiftung zu unterschiedlichen Zeiten weiteres Vermögen zuwenden, gemäß den persönlichen Vermögens- und Einkommensverhältnissen und den steuerlichen Regelungen …

Der Staat unterstützt mit Steuervergünstigungen die Errichtung und die Tätigkeit von Stiftungen …, die auf die Förderung des Gemeinwohls ausgerichtet sind. Sowohl der Stifter oder die Stifterin als auch die Stiftung werden in diesem Fall steuerlich begünstigt … Die Errichtung bzw. Ausstattung einer gemeinnützigen Stiftung mit Vermögen und spätere Zuwendungen unterliegen keiner Erbschaft- bzw. Schenkungssteuer. Die Stiftung ist von der Vermögens-, Körperschafts- und Gewerbesteuer befreit. Es ist wichtig, darauf hinzuweisen, dass auch die gemeinnützige Stiftung bis zu einem Drittel ihres Einkommens in angemessener Weise zur Sicherung des Unterhalts des Stifters oder der Stifterin und dessen bzw. deren nächsten Angehörigen …, zur Grabpflege und zur Ehrung des Andenkens der genannten Personen verwenden kann …[33]

*Merkmale und Organe einer Stiftung*[34]
Eine Stiftung bestimmt sich durch

- den Stiftungszweck

- das Stiftungsvermögen

- die Stiftungsorganisation

- die staatliche Genehmigung

Bei der Festlegung des Stiftungszwecks muss zum einen auf Eindeutigkeit und Klarheit geachtet werden, zum anderen muss er aber auch so weit gefasst sein, um verändernden Verhältnissen Rechnung tragen zu können. Als absolute Untergrenze der Vermögensausstattung sind 150 000 EUR anzusehen. Für kleinere Vermögen bietet sich die Errichtung einer unselbständigen Stiftung an.

Die Stiftungsorganisation besteht in der Regel aus einem mehrköpfigen *Vorstand*. Es kann aber noch ein weiteres Organ vorgesehen werden wie

*Stiftungsrat / Kuratorium, Beirat o. Ä.*

Der Vorstand führt die Geschäfte und vertritt die Stiftung nach außen. Dem Stiftungsrat können beratende und überwachende Aufgaben zugeschrieben werden.

# IV. ZUM AUSKLANG

## Phantasiereise zu einer diakonisch entwickelten Gemeinde

Um 820 n. Chr. entstand der Entwurf eines Klosters, das so nie gebaut wurde, dessen Bau nicht einmal beabsichtigt war. Im so genannten »Idealplan von St. Gallen« fanden die Anliegen einer Klosterreform ideellen Ausdruck. Dieser Plan fasste die Vorstellungen für ein ideales, vorbildliches Kloster auf der Grundlage der benediktinischen Klosterregel in ein architektonisches Raumprogramm. Es wurde alles hineingepackt, was die Idee hergab. Obwohl nie verwirklicht, entfaltete dieser Idealplan eine bedeutende Wirkung und prägte über Jahrhunderte das Raumprogramm der Klöster.

In diesem Sinn ist die folgende Phantasiereise zum Ideal einer diakonisch entwickelten Gemeinde zu verstehen. Diese Reise soll beflügeln, nicht lähmen angesichts der Fülle des Denkbaren. Diakonisch ist eine Gemeinde nicht erst entwickelt, wenn alles, was beschrieben wird, verwirklicht ist (andererseits ist wiederum auch nicht alles Denkbare beschrieben). Das allein schon deshalb nicht, weil Gemeindesituationen ungeheuer vielfältig sind.

Wenn ich während des Urlaubs eine Stadt besichtige, erkunde ich nicht nur die touristischen Sehenswürdigkeiten, sondern auch Stadtteile, wohin sich normalerweise kein Tourist verirrt. Bei so einer abseitigen Stadterkundung stand ich eines Tages vor einer Kirche. Der Namenstafel konnte ich entnehmen, dass es sich um eine evangelische Gemeindekirche handelte. Trotzdem drückte ich die Klinke der Kirchentür, wider Erwarten war sie nicht abgesperrt.

Den weitläufigen modernen Kirchenraum empfand ich als ansprechend. Dazu trug sicher bei, dass einige Kerzen brannten und geistliche Musik dezent vom Band kam. Nur ein Teil der Kirche war bestuhlt. In den hinteren Stuhlreihen machte ein Nichtsesshafter ein Nickerchen. Weiter vorne saß eine Frau. Eine Gebetsecke war mit Teppich ausgelegt. Auf Hockern saßen zwei Jugendliche meditierend vor einem mit Teelichtern umkränzten Kreuz. Ich hielt mich, anders als sonst, nur kurz im Kirchenraum auf, weil mich die Neugier in den Vorraum der Kirche trieb. Beim Hinausgehen zündete ich noch eine Kerze an und steckte sie auf einen Kerzenhalter. An eine Wand daneben konnten Gebetsanliegen gepinnt werden. Der Vorraum war kein Kirchenvorraum, wie man ihn sonst von Kirchen kennt: kalt, mit langweiligem Schriftentisch und Gesangbuchablage.

Er war eine Mischung zwischen Bistro, Laden und Hotel-Foyer. Seine architektonische Gestaltung wirkte auf mich wie die Verlängerung des eigentlichen Sakralraums auf die Straße, in den Alltag. Auf einem großen Schild stand »Gemeinderezeption«. Hinter der Theke grüßten mich ein Mann im Rollstuhl und eine junge Frau freundlich, jedoch ohne sich gleich auf mich zu stürzen. So konnte ich mich in Ruhe umsehen. An einem Tisch las ein Mann in ärmlicher Kleidung eine Zeitung und trank eine Tasse Kaffee. An einem anderen Tisch spielten drei Jugendliche lebhaft das Spiel »Siedler von Catan«. Der »Laden« enthielt eine bunte Mischung von Produkten aus Entwicklungsländern, spirituellen Büchern und CDs, Kunsthandwerk, ansprechenden Arbeiten moderner christlicher Kunst und verschiedenen Spielwaren, auf die die Tafelaufschrift »Abenteuer Helfen« hinwies. Daneben gab es Second-Hand-Waren mit der Information, hier könne auch getauscht werden. Grundnahrungsmittel waren zu einem Spottpreis ausgezeichnet, offensichtlich Spenden von Supermärkten kurz vor dem Verfallsdatum. Nun zog mich das Architekturmodell von Kirche und Gemeindezentrum magisch an. Beide waren in einem Guss entworfen. Für so was habe ich schon seit meiner Kindheit einen Faible. Drückte ich den Knopf neben dem Hinweis »Kirche«, so leuchtete an entsprechender Stelle im Modell ein Licht auf. Das Licht »Ihr Standort« und mein Durchzappen der Knöpfe machte mir deutlich, dass das Gemeindezentrum neben bekannten Bestandteilen aus mir neuen Komponenten bestand. Derart neugierig gemacht, näherte ich mich nun doch der Rezeption und erhielt eine Informationsbroschüre, mit der sich die Gemeinde Neuzugezogenen vorstellte. Mit meiner Beute und einer Tasse Kaffee zog ich mich an einen Tisch zurück. Ich war richtig dankbar, als die junge Frau von der Gemeinderezeption zu mir kam, offensichtlich war ihr mein Interesse nicht verborgen geblieben, und mir anbot, mich herumzuführen. Zunächst klärte sie mich über die Bewandtnis der Gemeinderezeption auf: Im Pfarramt, wir nennen es jetzt Gemeindebüro, und in der Diakoniestation bestand das Problem, dass die Sekretärinnen kaum zu ihren eigenen Aufgaben kamen. Ständig wurden sie von Anfragen und großen und kleinen Anliegen unterbrochen. Da wollte jemand was abholen, sich nach etwas erkundigen, etwas bringen, der Tippelbruder sich seine zwei Mark oder was zu essen abholen, ein Gemeindeglied sich eine kleine Unterstützung usw. So kamen wir auf die Idee der Gemeinderezeption, um genau für diese Anliegen eine leicht erreichbare Anlaufstelle zu haben. Sie ist mittlerweile zu einer Schnittstelle unserer Gemeinde geworden und gar nicht mehr wegzudenken. Ein Ort des Informationsaustauschs und der Kommunikation, aber auch der Beratung und der »ersten Hilfe«. Wenn jemand z. B. mit einem Formular für das Sozialamt nicht zurechtkommt, dann verständigen wir jemanden von unserer diakonischen Dienstgemeinschaft. Mein erstaunter Gesichtsausdruck veranlasste sie, mir auch das zu erläutern: Früher hätte es verschiedene ehrenamtliche HelferInnenkreise gegeben. Die einen machten im Bereich der Diakoniestation mit, die anderen machten Besuche oder kümmerten sich um jemanden aus der Nachbarschaft usw. Es lief vieles, aber irgendwie unverbunden nebeneinander her. Durch diese Zersplitterung mangelte es an angemessener Begleitung, Erfahrungsaustausch, Fortbildung und Geselligkeit. Deshalb wurde die diakonische Dienstgemeinschaft gegründet, in der die verschiedenen ehrenamtlichen Einsatzfelder zusammengefasst sind. Über unsere Gemeindestiftung gelang es, eine Fachkraft zur Begleitung anzustellen, eine gewählte Beauftragte fungiert als Sprecherin. Wer z. B. hier an der Gemeinderezeption mitmacht, gehört auch zur Dienstgemeinschaft.

Ich frage sie, ob sie hier beruflich tätig sei. Nein, so könne das nicht gesagt werden. Sie lebe für ein Jahr in der Gemeindekommunität mit. Diese böte jungen Erwachsenen die Möglichkeit, für ein oder zwei Jahre in verbindlicher Gemeinschaft zu leben. Sie hätten regelmäßige Gebetszeiten in der Kirche und machten in verschiedenen Bereichen der Gemeinde mit. Einige gingen ihrer Ausbildung, Studium oder Beruf nach, andere seien Zivildienstleistende beim Gemeindediakoniewerk. Sie selber sei im Rahmen des Freiwilligen Sozialen Jahres hier. In den Räumen des ominösen Gemeindediakoniewerks angelangt, wird mir auch dieses Geheimnis gelüftet. Die Gemeinde hätte ja schon von alters her eine ganze Menge an Diakonischem gehabt. Aber es wäre auf mehrere Trägervereine und die Gemeinde im eigentlichen Sinne verteilt gewesen. Das hätte jede Menge Reibungsverluste zur Folge gehabt, ganz abgesehen von den vielen Gremien, Vereinsvorständen, Kirchenvorstand, Pfarramt usw. Ehrenamtliche und berufliche Kräfte seien zerschlissen worden. Die pfarramtsführende Pfarrerin hätte herumgerödelt und manchmal nicht mehr gewusst, ob sie Männlein oder Weiblein und vor allem ob sie nun Pfarrerin oder Managerin sei. Für die Gremien wäre es immer schwieriger geworden, Leute zu finden. Manche hätten in drei Gremien auf einmal gesessen und die Vereinsvorstände seien mit Geschäftsführungsaufgaben überfordert gewesen. Das wiederum hätte zu sehr unbefriedigenden Arbeitsbedingungen, z.B. bei den MitarbeiterInnen der Diakoniestation geführt. So sei die Idee entstanden, die Trägervereine und die Aktivitäten der Kirchengemeinde in diesem Werk zusammenzufassen und mit einer professionellen Geschäftsführung auszustatten. Oberstes Leitungsgremium sei ein Kuratorium, das im Sinne einer Organanleihe auch der Diakonieausschuss des Kirchenvorstands sei. Das Gemeindediakoniewerk betreue heute sehr erfolgreich die Diakonie-Sozial-Station, den Kindergarten (und das, was sich daraus entwickelt habe), die Tages- und Kurzzeitpflege, die diakonische Dienstgemeinschaft, die Seniorenwohnungen, die Wohngruppe für psychisch Kranke. Dazu kämen diverse Kursprogramme und die allgemeine Sozialberatung. Letztere sei entstanden, weil sowohl bei der Diakoniestation wie im Pfarramt immer wieder Menschen angefragt hätten, wegen den und den sozialen Problemen. Es gäbe ja in der Stadt jede Menge Hilfemöglichkeiten. Doch niemand habe so einen rechten Gesamtüberblick gehabt. Ach ja, der Gemeindehilfsfonds und die Gemeindediakoniestiftung würden auch hier verwaltet. Erst gestern sei ihr die Geschäftsführerin wegen einer neuen Zustiftung freudestrahlend über den Weg gelaufen. Betreut würden auch die Liegenschaften der früheren Trägervereine und der Gemeinde. Und dann gäbe es auch noch das diakonische Sammlungswesen, Brot für die Welt u. Ä. Mit der KonfirmandInnen- und Jugendarbeit werde zusammengearbeitet, Schnupperschichten, Projekttage und so weiter. Es gäbe beruflich wie ehrenamtlich betreute Ressorts. »So, jetzt führe ich Sie durch unsere weiteren Gemeinderäume, durch das Kinderhaus und das, was wir ›Gemeindespital‹ nennen.« Es ging wieder durch den Kirchenvorraum und wir betraten einen Innenhof, um den sich die angekündigten Einrichtungen gruppierten. So öffneten sich mir die Türen der Diakonie-Sozial-Station, der Tages- und Kurzzeitpflege, der Seniorenwohnungen, der Wohngruppe für psychisch Kranke (hier kooperiert man mit einem bekannten großen Diakoniewerk). Mit einem gewissen Stolz machte mich meine »Reiseleiterin« darauf aufmerksam, dass beim Bau überall auf die Belange von Behinderten geachtet worden sei, nicht nur was die Benutzbarkeit mit Rollstühlen und bei Gehbehinderungen angehe, sondern auch im Blick auf taktile und optische Orientierungshilfen. Schwer beeindruckte mich das so genannte Kinderhaus. Es entstand, so erfuhr ich, aus der Verbindung der gemeindlichen Kinderarbeit mit ihren Räumen und dem Kindergarten. Der Kindergarten ermögliche heute den Besuch für Kinder von 2 bis 12 Jahren, auch würde er von behinderten Kindern besucht. Die Nebenräume des Kindergartens würden auch für die Kindergruppen genutzt und umgekehrt. Am Wochenende hätten Familien die Möglichkeit, die Räume für Kindergeburtstage zu nutzen. Weil in diesem Stadtteil viele Kinder nachmittags nur rumhingen oder vor der Glotze gesessen hätten, sei man auf die Idee gekommen, analog zum offenen Jugendtreff einen offenen Kindertreff einzurichten. Die Öffnungszeiten orientierten sich an den Bedürfnissen der Familien. An Wochenenden dürften die Außenanlagen von allen Kindern benutzt werden.

Seit es die erweiterte Altersspanne gäbe, sei die Elternarbeit aufgeblüht, weil der Kontaktzeitraum zum Kindergarten nicht mehr nur drei Jahre betrüge. Als sie die verschiedenen Elternaktivitäten aufzählen und von den Beziehungen zwischen Kindergarten und Senioren erzählen wollte, winkte ich erschöpft ab. Meine Aufnahmefähigkeit war zu Ende. Verständnisvoll meinte sie, um die Gemeinde ein wenig näher kennen zu lernen, müsste ich in der Tat einige Tage bleiben. Die Werkräume hätte sie noch gar nicht gezeigt und auch vom offenen Mittagstisch könnte sie noch berichten, der zweimal in der Woche stattfindet. Und dann gäbe es ja auch noch das monatliche Obdachlosenfrühstück, das im Wechsel mit anderen Gemeinden angeboten würde. Eins der Gemeindegastzimmer sei gerade frei. Da könnte ich mich zu einem günstigen Preis für ein paar Tage einmieten, sagte sie. Das interessierte mich nun doch noch. Die zwei Gemeindegastzimmer (eines davon war genau genommen ein Appartement) werden vielfältig genutzt. Es seien schon Strafentlassene für einige Monate einquartiert worden oder Tippelbrüder.

Es würde aber auch für Gäste der Gemeinde genutzt oder einfach frei vermietet – eine nette kleine Nebeneinnahme. Wieder zurück an der Gemeinderezeption schleppte sie mich noch zu einer graphisch gut aufbereiteten Karte, auf der die Partnerschaften bzw. Projektkontakte zu Gemeinden im Ausland und zu einer Einrichtung für geistig Behinderte eingezeichnet waren. Sie hielt inne, lächelte mich an und meinte, es gäbe noch viel zu erzählen und zu berichten, das mit der Ökologie z. B. oder … Ich hisste endgültig die weiße Flagge und fühlte mich irgendwie motiviert, im Gemeindeladen einige Dinge zu kaufen. Wieder auf der Straße suchte ich mir eine nette Kneipe, um über all die Eindrücke nachzusinnen.

# ANSTELLE EINES NACHWORTS

## Ein Gebet aus der Abendmahlsliturgie
## (Gebet zur Gabenbereitung)

*Schöpfer des Lebens, wir loben dich.*
*Du schenkst uns das Brot, die Frucht der Erde*
*und der menschlichen Arbeit.*

*Lass dieses Brot für uns zum Brot des Lebens werden.*

*Schöpfer des Lebens, wir loben dich.*

*Du schenkst uns den Wein, die Frucht des Weinstocks*
*und der menschlichen Arbeit, das Zeichen des Festes.*

*Lass diesen Kelch für uns zum Kelch des Heils werden.*

*Wie aus den Körnern das Brot,*
*aus den Trauben der Wein geworden ist,*
*so mache aus uns eine Gemeinde,*
*ein Zeichen der Einheit und des Friedens*
*für diese Welt.*
*Amen.*

# ANMERKUNGEN

1 Claß, Gottfried: Soziale Ressourcen nutzen, in: Diakonie – Magazin der Führungskräfte, Heft 3 / Juni 2000, S. 28.

2 »Für eine Zukunft in Solidarität und Gerechtigkeit. Wort des Rates der Evangelischen Kirche in Deutschland und der Deutschen Bischofskonferenz zur wirtschaftlichen und sozialen Lage in Deutschland«, Hannover und Bonn 1997.

3 Eschatologie ist die Lehre von den letzten Dingen.

4 Anschütz: Ärztliches Handeln, S. 100 f.

5 Aus Anschütz, S. 103.

6 Bayerische Architektenkammer u. a. (Hg.): Barrierefreie Wohnungen. Leitfaden für Architekten, Fachingenieure und Bauherren zur DIN 18025, Ausgabe 1992, Vergleichende Betrachtung und Erläuterungen, München 1992.

7 In: Brummer, Arnd / Nethöfel, Wolfgang: Vom Klingelbeutel zum Profitcenter?, S. 135 ff.

8 Ebd. S. 157 ff.

9 Stecher, Werner: Gemeinsam leben mit Behinderungen, S. 11.

10 Diese und noch mehr Ideen wurden während einer vom Diakonischen Werk Bayern zusammen mit Stationsleitungen und Geschäftsführungen 1997 initiierten und von einem Unternehmenstrainer begleiteten »Zukunftswerkstatt DSST 2000« zusammengetragen. Reizvoll ist es, sich die Fülle, der dort zusammengetragenen Ideen anzusehen: regelmäßiges Messen der Kundenzufriedenheit, Leitsätze hängen optisch präsent im Besprechungsraum, einheitliche Dienstkleidung mit Emblem (ebenso Fahrzeuge, Prospekte, Briefpapier), Einkaufsgemeinschaften, Verwaltungsgemeinschaften, Qualitätszirkel bilden, diakonisches Qualitätssiegel, Präsenz und Mitarbeit in der Kirchengemeinde, Werbung auf Omnibussen, gemeinsame Dienstbesprechungen Hauptamtlicher und Ehrenamtlicher, Außenstelle Mallorca, Reisebegleitung, Theaterbesuche, Singleservice, Partnervermittlung, Kontaktbörse, Postagentur übernehmen, Patientenladen, auf Tupperparties gehen,

grenzüberschreitend expandieren, Gräberpflege, Garten- / Gärtner-Service, mobiler Hausmeister, kostenpflichtiges Info-Telefon, gelb-grüne Diakonie-Schutzengel, Absprache zum Gemeindegrenzen überschreitenden Arbeiten, Servicekarte für fördernde Mitglieder, Diakoniezeitschrift, multigenerative Wohnformen, Finanzergebnis regelmäßig den MitarbeiterInnen bekannt geben, gemischtes Fußball-Rentner-Team, MitarbeiterIn des Monats prämieren, Ferienwohnungen für Pflegebedürftige und Angehörige, weg von starren Arbeitsvertragsrichtlinien, Fortbildungen für Hausärzte, Antiquitäten anbieten / second-hand, Haushaltsauflösungen, Patientenbörse, Erlebniszonen für pflegende Angehörige, Holding gründen, Wohngemeinschaften (Alten-WG), Seniorengenossenschaften, MitarbeiterInnen-Pflege durch individuelles Eingehen, Leih-Personal von Station zu Station, Entwicklungskonzept für die Einrichtung, einen gemeinsamen Controller für mehrere Stationen, kommerzielle Flügel-Geschäftsgebiete, Sponsor-Partner suchen, Stiftungswesen, Vorleben der Leitsätze, Tierpflege übernehmen, Beteiligung der MitarbeiterInnen am »Unternehmen«, Internet nutzen, tariflose Arbeitsverhältnisse, ergebnisorientierte Dienstzeiten, allgemeine SozialberaterInnen.

11 Eubel, Edith: Nicht abrechenbare Leistungen – Spagat zwischen Güte und Wirtschaftlichkeit, S. 16 f.

12 Eubel, S. 6 ff.

13 Edith Eubel bietet in ihrer Arbeit ein Formular zur statistischen Erfassung nicht abrechenbarer Leistungen.

14 Schmidt, Friedrich / Götzelmann, Arnd (Hg.): Der evangelische Kindergarten als Nachbarschaftszentrum in der Gemeinde, Heidelberg 1997, S. 33.

15 Ebd. S. 7.

16 Kindertagesstätte – Gemeinde. Leitfaden zur Konzeptionsentwicklung, S. 7.

17 Vgl. ebd. S. 10 f.

18  Der evangelische Kindergarten als Nachbarschaftszentrum der Gemeinde, S. 76.

19  Gemeinsam geht's besser, S. 18.

20  Diesen Gedanken verdankt der Verfasser dem früheren Nürnberger Pfarrer Biebelriether, der zuletzt an St. Sebald wirkte.

21  Das Gemeindeentwicklungsprojekt »Eibach 2000« war ein mehrjähriger Prozess auf der Basis des vom Verfasser entwickelten Ansatzes einer »mehrdimensionalen Gemeindeentwicklung«. Eine zentrale Projektgruppe und Projektgruppen zu verschiedenen Handlungsfeldern der Gemeinde führten in der Gemeinde zu einer breiten Aufbruchstimmung, vielen konkreten Ergebnissen und Initiativen und schufen eine stark verbreiterte Basis verantwortlichen ehrenamtlichen Engagements.

22  KGO § 2 Abs. 2.

23  KGO § 21 Punkt 8.

24  KGO § 46 Abs. 1.

25  KGO § 47.

26  Diak. Bek. Nr. 1.

27  Diak. Bek. Nr. 3.

28  Diak. Bek. Nr. 4.

29  Die in Folge aufgeführten Gründe sind der Denkschrift »Konzentration der Kräfte« (1995) entnommen, die der Geschäftsführer der CAG-Nürnberg, Dipl. Sozialwirt Wolfgang Schoenauer, für die Diakonie Eibach anfertigte.

30  Aus Forum Sozialstation, Nr. 81 / August 1996, S. 21.

31  »Fundraising« umfasst alle planmäßigen Maßnahmen gemeinnütziger Einrichtungen zur Beschaffung von Ressourcen für die Erfüllung ihrer Ziele und Aufgaben, ebd. S. 21.

32  Ebd. aus Weg, Hans-Dieter / Buchholz, Hein: »Privates Vermögen für soziales Engagement«, in: Forum Sozialstation, Nr. 81 / August 1996, S. 21 f.

33  Ebd. S. 21.

34  Vgl. Binz, Mark / Sorg, Martin: Die Stiftung, 2. überarb. Aufl., Heidelberger Musterverträge, Heft 72, Verlag Recht und Wirtschaft, Heidelberg 1993, S. 3 f.

# LITERATURVERZEICHNIS

**VORWORT:**
Class, Gottfried: Soziale Ressourcen nutzen, in: Diakonie – Magazin der Führungskräfte, Heft 3, Juni 2000, S. 28 ff.

## I. ZUM ANWÄRMEN:
Dönhoff, Marion Gräfin: Zivilisiert den Kapitalismus. Grenzen der Freiheit, Knaur Verlag, München 1999, 223 S.

Kirchenamt der EKD / Sekretariat der Deutschen Bischofskonferenz (Hg.): Für eine Zukunft in Solidarität und Gerechtigkeit. Wort des Rates der Evangelischen Kirche in Deutschland und der Deutschen Bischofskonferenz zur wirtschaftlichen und sozialen Lage in Deutschland, Hannover und Bonn 1997, 104 S.

Moltmann, Jürgen:  Diakonie im Horizont des Reiches Gottes. Schritte zum Diakonentum aller Gläubigen, mit einem Beitrag von Ulrich Bach und einem Vorwort von Theodor Schober, Neukirchner Verlag, Neukirchen-Vluyn 1984, 105 S.

## II. SCHAUFENSTER DER MÖGLICHKEITEN: ERFAHRUNGEN, MODELLE, IDEEN

### 1. DIAKONIE IM EINZUGSGEBIET DES GOTTESDIENSTES:
Thilo, Hans-Joachim: Die therapeutische Funktion des Gottesdienstes, Johannes-Stauda Verlag, Kassel 1995, 222 S.

Stollberg, Dietrich: Liturgische Praxis, Vandenhoeck & Ruprecht, Göttingen 1993, 135 S.

Grün, Anselm / Reepen, Michael: Heilendes Kirchenjahr, Vier-Türme-Verlag, Münsterschwarzach 1985, 84 S.

Bayerische Architektenkammer u. a. (Hg.): Barrierefreie Wohnungen. Leitfaden für Architekten, Fachingenieure und Bauherren zur DIN

18025, Teil 1 und Teil 2, Ausgabe 1992, Vergleichende Betrachtung und Erläuterungen, München 1992, 62 S.

## 2. DIAKONIE IM EINZUGSGEBIET DES PFARRAMTES:

Leonhard: 1978–1998: Nachbarschaftshilfe Nürnberg-Allerheiligen. Manuskript, 2 S.

Regionalzentrum für Selbsthilfegruppen Erlangen-Nürnberg-Fürth e.V. (Hg.): Selbsthilfe-Führer Mittelfranken, Erlangen 1996, 178 S.

Arbeitsgemeinschaft christlicher Kirchen in Bayern (Hg.): Erwerbslosigkeit lähmt – christliche Gemeinden handeln. München o. J., 72 S.

Brummer, Arnd / Nethöfel, Wolfgang (Hg.): Vom Klingelbeutel zum Profitcenter?. Strategien für das Unternehmen Kirche, Verlag DS – Das Sonntagsblatt, Hamburg 1997, 251 S.

Stecher, Werner: Gemeinsam leben mit Behinderungen. Arbeitshilfe der Evangelischen Erwachsenenbildung Niedersachsen, Hannover 1995, 68 S.

Fröhlich-Killinger, Jutta: Bodelschwingh-Kreis. In Stetten auf den Fildern haben Behinderte und Nichtbehinderte einen Weg zueinander gefunden, Sonderdruck aus »Konsequenzen« 6/80, Hg. v. Diakonischen Werk der evangelischen Kirche in Württemberg e.V., Stuttgart 1980, 6 S.

Bosch-Gieseler, Martina / Stiefel, Rosi: Leben ist mehr. Diakonisch sehen lernen. Projekt 1992–1994, Evangelisches Jugendwerk in Württemberg (Hg.), EJW-aktuell 6, Stuttgart o. J., 117 S.

Evang.-Luth. Diakoniewerk Neuendettelsau (Hg.): Partnerschaften, Kontakte, Beziehungen, Neuendettelsauer Chronik, Heft 3 / Juli 1994, 11 S.

Diakonisches Werk Bayern / Deutscher Caritasverband – Landesverband Bayern (Hg.): Begegnen, verstehen annehmen. Mitarbeiterfibel Asyl, 2. akt. Auflage, Nürnberg / München 1987, 75 S.

Höhn, Monika: Kirche mit Ausländern. Modelle und Aktionen für die Gemeindearbeit, Gütersloher Verlagshaus, Gütersloh 1993, 128 S.

Landessynodalausschuß der Evang.-Luth. Kirche i. Bayern (Hg.): Weltweite Verantwortung. Weltwirtschaft und Gerechtigkeit; Ökologie und Lebensstil. Tagung der bayerischen Landessynode in Regensburg 1995, München 1995, 56 S.

### 3. DIAKONIE IM EINZUGSGEBIET DER DIAKONIE-SOZIAL-STATION:

Genrich, Rolf u. a.: Arbeitshilfen für Planung und Betrieb von Tagespflegeeinrichtungen, Kuratorium Deutsche Altershilfe, Köln 1993, 220 S.

Engels, Dietrich: Kurzzeitpflege in Deutschland – Entwicklungsstand 1993, Kuratorium Deutsche Altershilfe 1994, 137 S.

Eubel, Edith: Nicht abrechenbare Leistungen – Spagat zwischen Güte und Wirtschaftlichkeit. Theoriearbeit im Rahmen der Weiterbildung zur Pflegedienstleitung und Leitung in Diakonie- / Sozialstationen, Fritzlar-Werkel 2001, 16 S.

Müller, Monika: Neue Chancen für Gemeinschaftswohnprojekte von Jung und Alt, Kuratorium Deutsche Altershilfe 1993, 186 S.

### 4. DIAKONIE IM EINZUGSGEBIET DES KINDERGARTENS:

Schmidt, Friedrich / Götzelmann, Arnd (Hg.): Der Evangelische Kindergarten als Nachbarschaftszentrum in der Gemeinde. Dokumentation zum Modellprojekt des Diakonischen Werkes Pfalz, DWI-Verlag, Heidelberg 1997, 226 S.

Diakonisches Werk Bayern / Gemeindeakademie Rummelsberg der ELKIB (Hg.): Kindertagesstätte – Gemeinde. Leitfaden zur Konzeptionsentwicklung, 2. veränd. Auflage, Nürnberg 1995, 42 S.

Diakonisches Werk Bayern u. a. (Hg.): Gemeinsam geht's besser. Elternmitwirkung in Tageseinrichtungen für Kinder. Eine Arbeitshilfe, Nürnberg 1997, 68 S.

## III. HANDWERKSZEUG FÜR DIAKONISCHE GEMEINDEENTWICKLUNG:

Rechtssammlung der Evang.-Lutherischen Kirche in Bayern, C. H. Beck Verlag, München.

Weg, Hans-Dieter / Buchholz, Hein: »Privates Vermögen für soziales Engagement«, in: Forum Sozialstation Nr. 81 / August 1996, S. 21 ff.

Binz, Mark / Sorg, Martin: Die Stiftung, 2. überarb. Auflage, Heidelberger Musterverträge, Heft 72, Verlag Recht und Wirtschaft, Heidelberg 1993.

- Im allgemeinen Fe...

- Im Pfarrbrief
- Im Gottesdienst, in der ...esse

- Aus Tageszeitung, Zeitschriften, Illustrierten
- In Foren, Blogs, Communitys
- Auf Internetseiten anderer Anbieter

...worten auf Existenzfragen.

...tung bei bio... ...n Eckpunk...
Gottesdienst- ...Taufe u... ...iert, gefolgt
...1,7 Prozent im Jahr ...ment, ...glied...chaft
...rozent im Jahr 2008 ...ie, ...
... Sonntagspflicht ...
... bis ...

WERNER FÜHRER

## Das Amt der Kirche

Das reformatorische Verständnis
des geistlichen Amtes
im ökumenischen Kontext

mit einem Vorwort
von Prof. Torleiv Austad, Oslo

540 Seiten gebunden
ISBN 3 7726 0223 1
€ 35,30   SFr 69,–

Was ereignet sich im Geschehen der Predigt? In wessen Auftrag handeln die Amtsträger bei der Spendung der Sakramente? Wie ist das Amt theologisch zu begründen?
In vielen ökumenischen Kontroversen ist das Verständnis des geistlichen Amtes der »springende Punkt«. Das Amt der Kirche ist ein unerlässliches Buch für alle an der Ökumene Interessierten!

Der Autor Werner Führer wurde 1949 in Gilserberg (Hessen) geboren. Studium der Philosophie und Theologie in Berlin, Bethel, Erlangen und Tübingen. Promotion zum Dr. theol. in Göttingen. Assistenzreferent im Kirchenamt der EKD, Mitarbeit an der Revision des Neuen Testaments der Lutherbibel (Ausgabe 1984). Dozent an der University of Natal in Pietermaritzburg, Südafrika. Ordination zum Amt der Kirche 1992. Seit 1996 Oberkirchenrat im Schaumburg-Lippischen Landeskirchenamt. Mitglied der Synode der Evangelischen Kirche in Deutschland seit 1997.

Freimund-Verlag   Postfach 48   91561 Neuendettelsau
Tel. (0 98 74) 6 89 39 80   Fax (0 98 74) 6 89 39 99
www.freimund-verlag.de   kontakt@freimund-verlag.de

ALBRECHT SONDERMANN

# Aufwinde

Die seltsame Geschichte
des Türmers Johann Baptist Narr

187 Seiten gebunden
ISBN 3 7726 0222 3
€ 14,10   SFr 27,60

Aufwinde sind gut für Piloten. Der Roman »Aufwinde« aber erzählt von den Winden und Stürmen, die um einen bestimmten Kirchturm blasen. Außerdem geht es um den Archidiakon Johann Baptist Narr, der sein Pfarramt aufgibt, um Türmer zu werden. 365 Stufen, 90 Meter hoch liegt nun seine Wohnung. Die Welt, der er entfliehen will, holt ihn ein. Wenn er allein ist, gibt er sich dem Ausblick hin. Die Dachlandschaft, die Weite, der Horizont, die Wolken, der Himmel! Flugstunden nennt er das. Narr, der Antiheld von »Aufwinde«, ist ein Träumer. Er ist auf eine Art fromm, die bei den Kirchenoberen nicht gut ankommt. Gerade deshalb findet er Freunde. Einen Hellseher, einen genialen Ingenieur, einen Büchernarren. Eine schöne Frau gewinnt ihn lieb. Man kommt sich näher. In diesem Türmer steckt überhaupt viel Liebe. Das merkt man an der Art, wie er die Eucharistiefeiern vorbereitet, die Feier der Osternacht gestaltet, die Bibel in Gebrauch nimmt und – wie er betet.
Da das Erhabene dem Lächerlichen benachbart ist, fehlt es nicht an Humor. Irgendwie hat das Ganze mit Narrs Traum vom Fliegen zu tun. Der geht auch in Erfüllung.

Freimund-Verlag   Postfach 48   91561 Neuendettelsau
Tel. (0 98 74) 6 89 39 80   Fax (0 98 74) 6 89 39 99
www.freimund-verlag.de   kontakt@freimund-verlag.de

GEORG GÜNTSCH

# Miteinander vor Gott

Geschichten und Gedanken zum
Sonntagsgottesdienst

56 Seiten Hardcover
2. Auflage 2001
ISBN 3 7726 0214 2
€ 7,60   SFr 14,80 (Staffelpreise)

Alltag und Liturgie, Freude am Lob Gottes und die Erwartung, daß Gott den Menschen beschenkt – das findet hier zusammen. In unkonventioneller Sprache und in nachdenkenswerten Beobachtungen des Alltags führt der Autor in die Liturgie des Sonntagsgottesdienstes ein. Sieben Kapitel voller Lebens- und Glaubenserfahrung, die hineinnehmen möchten in das „Miteinander vor Gott".

Zum Beispiel:
*Wasser, Dampf, Eis und schmuddelige Tassen*
*Vom Teppich und vom Seelenmüll*
*Den Kopf möblieren*
*Glotzen ist unmenschlich*
*Was haben Gottesdienst und Hemdenknöpfe gemeinsam?*
*Die Sensation ist ER*
*Feuer und Flamme werden*

Das reich und farbig bebilderte Buch eignet sich hervorragend als Geschenk.

 Freimund-Verlag   Postfach 48   91561 Neuendettelsau
Tel. (0 98 74) 6 89 39 80   Fax (0 98 74) 6 89 39 99
www.freimund-verlag.de   kontakt@freimund-verlag.de